Hubert d'Ornano

Boundless beauty

高寶書版集團

WW015
無盡之美 Boundless Beauty

作　　者　修伯特‧多納諾 (Hubert d'Ornano)
譯　　者　邢曼雲
編　　輯　林婉君
封面設計　彭立瑋
排　　版　趙小芳
地　　址　台北市內湖區洲子街 88 號 3 樓
電　　話　（02）27992788
發　　行　希代多媒體書版股份有限公司 /Printed in Taiwan
初版日期　2017 年 10 月

無盡之美（Boundless Beauty）/ 修伯特‧多納諾 (Hubert
d'Ornano) 著；邢曼雲 譯 .-- 初版 .-- 臺北市：
高寶國際出版：希代多媒體發行，2017.10
　　　　面；　　公分 .--（WW015）
譯自：Boundless beauty

ISBN 978-986-361-455-5（平裝）

1. 多納諾家族 (d'Ornano family) 2. 傳記

784.27　　　　　　　　　　　　　　106016978

Boundless beauty

無盡之美

修伯特・多納諾（Hubert d'Ornano） 著

攝於一九七〇年代。我、伊莎貝爾和孩子們：
菲利普、馬克、伊麗莎白、莉堤夏及克莉絲汀

目錄
Contents

菲利普・多納諾：〈給我的祖母〉

馬克・多納諾：一九八三年塞維亞（Seville）的聖週

菲利普・多納諾：〈莉堤夏〉

簡要年表

圖片提供

致謝

前言

這是個關於多納諾（d'Ornano）家族的故事，同時也是「希思黎」（Sisley）的故事。多納諾是一個科西嘉（Corsican）家族，孕育出三位法國元帥（Maréchaux de France）及一位法國內閣部長（French Cabinet Minister）。

我於一九二六年出生於波蘭。這是個關於卓越波蘭血統及三位對我的家族有重大影響波蘭人物的故事：瑪麗・維勒夫斯卡（Marie Walewska）、娘家姓氏米哈斯卡（Michalska）的伊麗莎白・多納諾（Elisabeth d'Ornano）與娘家姓氏為波托茨卡（Potocka）的伊莎貝爾・多納諾（Isabelle d'Ornano）。

這故事講述多納諾家族在父親紀堯姆・多納諾（Guillaume d'Ornano）於一九三〇年代與人共同創立他的第一個保養品牌，並朝著化妝品世界邁出第一步。二次世界大戰結束後，他加入了哥哥米歇爾（Michel）和我的香水與保養品公司，幫助我們的事業早一些步上軌道。在妻子伊莎貝爾及孩子們之後的協助下，我們已將其發展為今日全球性的成功品牌，同時展現家族的精神、努力付出及對大自然的熱愛。

到了我這個年紀，總是不斷思索「我已經充分實現了我想做到的事嗎」？這也是為什麼我要寫出這些個人回憶錄。希望可以引動我的後代子孫，那些曾經、現在與未來和「希思黎」一起工作的人，以及使用並喜歡我們產品的使用者。這個故事也反映出「希思黎」——一個已是全球品牌的法國保養品公司——的價值觀、想法、渴望與風格。希望這本書能幫助您更深入地了解我們。

修伯特・多納諾

第一章

波蘭之心

我和祖母亞歷珊德菈·米哈斯卡
（Alexandra Michalska）。

我出生在波蘭一個充滿翠綠色田野、
蓊鬱森林和湛藍湖泊的鄉村。父母於
一九二一年在華沙結婚，而我是兩段
結合自法國與波蘭的愛情結晶。

我的雙親，紀堯姆·多納諾與伊麗莎白·米哈斯卡於一九二一年在華沙的婚禮。

一九二六年三月三十一日，我出生在位於盧布林鎮附近、位於美麗鄉間的梅爾基夫堡。一九二〇年代，波蘭剛恢復獨立，父親紀堯姆・多納諾當時是一名派駐在華沙法國大使館的使館人員。有天，一位迷人的女士亞歷珊德菈・米哈斯卡，因法國簽證問題來找他。為了不讓她久等，父親建議留下護照，他辦好後會到位於華沙市中心、她與女兒下榻的「歐洲酒店」（Hotel Europejski）交件。

那天晚上，他遇見了令人著迷的伊麗莎白。兩人一見鍾情。父親時年二十六，母親則是十九歲。她已經訂有婚約，但隨即退回那枚漂亮的紅寶石戒指；幾個月後，我的父母於一九二一年五月二十一日在華沙結婚。

這是多納諾家族繼曾祖父菲利普－安托萬・多納諾（Philippe-Antoine d'Ornano）與曾是拿破崙真愛的瑪麗・維勒芙絲卡的婚姻後，第二次的「法－波」（法國－波蘭）婚禮。但，它不是最後的一次……

一九三〇年代，我與母親伊麗莎白、
哥哥米歇爾在特拉夫尼基（Trawniki）。

瑪麗・維勒芙絲卡——
多納諾伯爵夫人

我非常喜歡說自己是兩段法國與波蘭的愛
情結晶，一段是一個半世紀前，由當時擔
任將軍、之後成為法國元帥的祖先菲利普
－安托萬・多納諾，與瑪麗・維勒芙絲卡
結婚而展開的家族傳統。友誼和戰爭將這
兩個國家牽繫在一起，而現在又多了一項，
屬於愛的連結。一九六七年，戴高樂將軍
（General de Gaulle）曾在華沙說：「波蘭人和法
國人，我們在許多方面竟是如此相似！」

一八○七年一月一日，進入華沙前的最後一個驛站「布
魯涅旅店」（Blonie Inn），有位美麗、纖細的金髮藍眼女子身處在
歡迎皇帝的人群中。就像整個波蘭一樣，期望這位「奧斯特利茨」
（Austerlitz）與「耶拿」（Jena）的征服者，在他的權力與榮耀的達
到最高點時，可以讓位處俄羅斯、普魯士和奧地利之間被撕扯、分裂
的國家——波蘭，得到自由。

菲利普－安托萬・
多納諾與瑪麗・維
勒芙絲卡於一八一
六年九月七日在布
魯塞爾（Brussels）
結婚。（由畫家羅伯
特・勒菲弗〔Robert
Lefèvre〕繪製）

當皇帝座車接近時，她用法語哭喊：「我的主人，歡迎來到波蘭！將
我們從獨裁者的手中拯救出來吧！波蘭人會為您獻上生命，而您也已
經擄獲了我們的心！」拿破崙驚訝之餘，更為之傾倒，便從馬車中遞
了一束花給那名女子，並說：「請把這些花當作我善意的保證——期
待我們會在華沙重逢！」

馬車漸行漸遠。當拿破崙一抵達華沙，便要求找到該名女子。當時，
瑪麗二十歲，父母是拉金斯基家族（Laczynskis），為當地的貴族；生
活簡單，以家族地產維生。她是六個孩子中的長女——在父親馬修・

生下魯道夫·多納諾（Rodolphe d'Ornano）後，瑪麗·維勒芙絲卡早逝。

拉金斯基（Mathieu Laczynski）過世後，由母親獨力扶養長大。十七歲時，便已嫁給一位富有的七十歲鄰居，阿納斯塔斯·科隆納·瓦勒夫斯基（Anastase Colonna Walewski）伯爵，也有了她的第一個孩子，安托萬（Antoine）。

瑪麗是個狂熱而神祕的愛國主義者，對於占領波蘭極大部分的俄國人充滿敵意。她隨即就被拿破崙找到，隨即收到來自波蘭臨時政府首腦約瑟夫·波尼亞托夫斯基（Joseph Poniatowski）在「波托茨基宮」（Potocki Palace）主辦款待拿破崙的宴會邀請。她謝絕邀約，但是她的丈夫及所有華沙人都強迫她出席。最後她屈服了。因為她聽見內心深處的聲音，她有可能是那幫助親愛的波蘭得以重建的上帝之手。

在之後的日子裡，拿破崙私下與她見面。兩人浪漫約會，頻繁往來，直到他離開波蘭仍持續緊密聯繫。一八〇八年，在巴黎，兩人再次會面；爾後的一年則是在奧地利往來密切。一八一〇年，瑪麗產下拿破崙的兒子亞歷山大（Alexandre），不久，便與孩子移居巴黎。

然而，拿破崙只有部分回應了波蘭愛國者的期望。他並未重建波蘭，而只創立了「華沙大公國」（the Grand Duchy of Warsaw），避免激怒俄皇亞歷山大一世（Alexander I）。

拿破崙退位時，瑪麗·維勒芙絲卡和她的兒子亞歷山大在楓丹白露度過在帝國的最後數小時。他們甚至還到厄爾巴島探望他——然而，當時兩人的親密關係已成過去。之後，當拿破崙於滑鐵盧戰敗後，在馬爾邁松，兩人最後一次碰面。

一八一二年起，瑪麗經常與年輕的龍騎兵（Dragoons）上校菲利普－安托萬·多納諾見面。她第一次見到他，是在一八〇七年七月的華沙。雖然瑪麗與其丈夫瓦勒夫斯基伯爵已離婚，早是自由之身，她卻不認為自己可以在前夫還健在之時，自由再婚。菲利普－安托萬返回德國後，他們維持書信往返。

一八一三年五月二日，菲利普·安托萬給瑪麗的信。
「對於您以如此迷人的風姿來歡迎我，並且讓我占用您寶貴的時間，請接受我最深切誠摯的感激之情——
您在我心中所引發的感受，讓我對您充滿無限謝意。即使我從未與人分享，但那些時光確實帶給我無盡的極致喜悅；而這樣的幸福，似乎不該再索求更多。我會等待。菲利普－安托萬。」
六月二十日，瑪麗回覆：
「那幾個星期，我同樣擁有非常美好的回憶。它們確認了我們的友誼——因為這些，我就該寫信給你，而且寫信給你，讓我非常高興。」

菲利普－安托萬當時是負責保衛巴黎的騎兵衛隊指揮官，每天都能看到瑪麗。當「波旁王朝」（Bourbons）復辟時，他再次堅定的提出結婚的請求。加上阻礙兩人結合的根本因素消失——她丈夫的死亡及帝國的瓦解，兩人於一八一五年二月訂婚。一年後，一八一六年九月七日，他們在位於布魯塞爾的「聖米歇爾與古都勒學院」（Collegiate Saint-Michel-et-Gudule）舉行婚禮。然而在百日王朝（Hundred

「瑪麗·維勒夫斯卡在法國和波蘭的歷史上，留下顯著的印記。她是兩個國家緊密情感連結的永恆象徵與感性的關係。」

Days）時期才加入拿破崙的菲利普－安托萬，卻慘遭「波旁王朝」的流放。結婚九個月後，一八一七年六月九日，瑪麗產下她的第三個孩子魯道夫－奧古斯特（Rodolphe-Auguste），卻因染上腎炎併發的產褥熱，不曾恢復健康。一月份，最後一次勉強回到她的祖國。一八一七年十二月十一日，在巴黎一個寒冷、潮溼的下雪天，她在丈夫與三個兒子的陪伴下溘然長逝。享年三十一歲。

拿破崙的兒子亞歷山大·維勒夫斯基（Alexandre Walewski），日後曾說：整個家族痛不欲生。「多納諾將軍的傷慟是無法想像的——我的母親是歷史上最出色的女性之一。」

拿破崙兒子輝煌的職業生涯仍持續下去。他曾任四任大使、在在莫尼公爵（Duc de Morny）去世後成為國民議會主席、在拿破崙三世（Napoleon III）統治期間擔任外交部長。瑪麗過世後，菲利普－安托萬終其一生沒有再婚，獨身四十六年。他將她的心臟存放在題有「瑪麗·拉金斯基（Marie Laczynski），多納諾伯爵夫人（Countess d'Ornano）⋯⋯」的甕中。現今這個甕置放在位於佩爾拉雪茲（Père Lachaise）公墓的多納諾墓穴中。在去世前，她曾說：「如果我的心留在巴黎，我的身體就會返回波蘭。」所以在她去世後的幾個月，依其遺願，她的遺體被送回她的祖國，安葬於奇爾諾俠（Kiernozia）的家族墓穴中。

拿破崙和瑪麗·維勒夫斯卡。由克勞狄斯·貝赫（Claudius Berr）繪製。

做為一名女性，瑪麗·維勒夫斯卡留給法國和波蘭一份獨特的遺產。她的名字永遠是法國與波蘭間緊密連結的印記。瑪麗在她一生中曾有過兩段偉大的愛情——拿破崙與菲利普－安托萬——那她也以相同的熱情深愛著她的兩個國家：祖國波蘭及移居國法國。因此，我與波蘭裔的伊莎貝爾·波托茨卡（Isabelle Potocka）的婚姻，讓我在這條原有的鎖鏈中再加入新的連結。或者，我的孫子、曾孫也會不斷的強化這個連結，誰又知道呢？

波蘭的童年

我的父親，紀堯姆・多納諾在一八九四年六月二十五日出生於羅亞爾河畔的圖爾。他曾參與第一次世界大戰，並於戰爭後期獲得上尉軍銜，之後就如同他的祖父魯道夫・多納諾（菲利普－安托萬和瑪麗的兒子）及他的伯祖父亞歷山大・維勒夫斯基一樣，展開外交生涯。魯道夫・多納諾留在德勒斯登法國使館擔任參事，接著在倫敦的法國大使館工作；但是為了積極支持拿破崙三世回歸權力與王位的狂熱，他放棄了這個工作。拿破崙三世任命他為掌管法院儀式的宮廷內臣及榮譽軍團指揮官。

父親是在一九二〇年代初期抵達華沙。當時的波蘭是個相當年輕的國家，剛由一九一八年重生，之前分別在一七七二年、一七九三年和一七九五年的分裂，而消失在歐洲版圖中。一九二二年，我的父母前往法國，我的哥哥米歇爾於一九二四年七月在巴黎誕生。一九二六年，我父親歷經一場政治運動的振盪影響，母親選擇回到她的祖國產下第二個孩子。因此，我生命中最初的八年，是在我外婆位於特拉夫尼基的莊園中成長的。我的外婆，亞歷珊德菈・米哈斯卡，獨自經營管理那些地產。她的丈夫很年輕就離開人世——我從無機會認識我的外公。

亞歷珊德菈・米哈斯卡是一個厲害角色！她毫無疑問地堅決相信，新波蘭的空氣最適合我，因此她前後幾乎可說「綁架」了我兩次。第一次是在我剛出生時，她把我留在家裡，跟著她生活了好幾年。第二次是在我七歲時，回到法國卻過得非常不開心。當時父母在諾曼第的卡布爾租好渡假小屋，外婆也和我們一同前往。但有天，她突然對父親說：「我們要去逛街添購修伯特上學所需的東西。」

梅爾基夫城堡
（The château of Melgiew）
姨母的家，一九二六年，
我的出生地。

一九三〇年代，表兄弟位於
蘇活多利（Suchodoly）的家。

和母親在車上。

在未告知任何人的情形下，我們跳上火車，經過巴黎和巴黎東站（Paris and Gare de l'Est），前往波蘭！當父親終於意識到時，他立刻拿起電話打給他的朋友——巴黎警察局局長，尚·恰佩（Jean Chiappe），也來自科西嘉。但為時已晚。火車已在德國境內，無法阻止……所以，我在波蘭又度過了額外的一年。波蘭的女性，尤其是我家族裡的那幾位，真是不可思議！

我在波蘭的歷史中心暨舊首都——「小波蘭」（Malopolska）長大。小波蘭位於華沙與克拉科夫之間的高原，那是一片自維普日河畔平緩延伸的鄉間景色，田野與山林間點綴著眾多小小的村莊、宅邸與木造教堂，以及從山區往南而下的湍急河流。我們住在特拉夫尼基的一座遼闊富饒的莊園中，占地數千公頃，出產大量的小麥、甜菜及木材。儘管喪偶，外婆依舊熟練地獨自經營管理這座莊園。夏日時節，從臥室的窗戶中，我能看見來自塔特拉夫山上的大量木材，通過維普日河，流經我們家族族產，一路被運往維斯杜拉河，朝波羅的海運行。

我學會了在狂野湍急的河水中游泳。那條河位於波蘭東領土疆界的邊緣，我在水中翻滾時，常不自覺地朝著往東歐的開闊領域——那巨大延伸至烏拉爾山的無邊平原衝過去。我妻子伊莎貝爾的家族在波蘭、立陶宛、白俄羅斯、俄羅斯和烏克蘭之間擁有大批領土，其中有些在第一次世界大戰新邊界隨意劃定後，成了交通不便的地區，尤其是在波蘭和烏克蘭的交界處。

特拉夫尼基絕不是個沉睡、落後的中世紀城堡。在當時它可是相當現代化的莊園，一個擁有數百人使用同款的馬拉鐵路貨車工作的小型社會。冬天時，當一切被白雪覆蓋，雪橇成了我們的主要交通工具；但隨著春天降臨，道路變得泥濘不堪，便經常無法通行。我的阿姨——母親的姊姊，柯莫若芙斯卡伯爵夫人（Countess Komorowska），住在鄰近的盧布林，我們經常去看望她。那時，我經常大啖美味的波蘭餃子（pierogi），有次竟然一口氣吃下四十個，因此而被叫做「四十個

「我們像是在波蘭疆界的邊緣，不自覺地向東歐的開闊領域，那巨大、延伸到烏拉爾山的無邊平原奔流而去。」

一個成長中的青少年在特拉夫尼基田野。但戰爭很快就會讓我母親家族的波蘭世界消失殆盡。

餃子壯士」！

每個人在這個世界上都有自己的位置，就像在波蘭猶太（Polish-Jewish）社區一樣。他們穿戴連身裙和帽子，擔保著貿易往來，成為交易的信心標誌。我們以合理的價格將小麥賣給他們，而他們以一份來年雙方再續約的可靠性保證，來確保收成時所能得到的收入。社區裡的居民有著不同的宗教信仰及穿著，工作上卻是相輔相成。他們共存共榮，卻未必互相融合。

我每天都在樹林裡遊玩、奔跑、騎馬，打架鬥毆，小小年紀就開始佩戴手槍，並由我叔叔教導射擊。我在極大的自由裡長大，與同齡、樣貌相仿的農家孩子一起玩耍。每個人都認識彼此，並尊重對方。在當地，所有的問題都會回到我外婆那裡，她具有無人質疑的權威。「不要多說細節，只要找到解決方案。」是我們常聽到她和住在大宅且一樓有辦公室的代理人索多羅夫斯基（Soudorowski）先生說的話，外婆備受尊敬，但也令人敬畏，有時會看到她揮舞手中的柺杖，追趕在我們其中一人的身後！她的床就是她的辦公室——每天早上，她會躺

在床上，給站在房門後樓梯平台上的員工們下達指令。

在波蘭，不常使用頭銜，但依照當地習俗，她的家徽就在房子入口處的上方。外婆的權威主要來自她的領導力及社區的道德凝聚力。他們會找她討論小孩上學、兒子入伍、給人工作或開創事業、她也會受邀為婚禮證婚、參加洗禮等等。世代中累積而來的恩惠施與以及人際關係，造就了她治理這個國中小國的力量。這個家族備受尊崇，被認為極富正義感、誠實認真且努力工作，絕不容許任何形式的懶散怠惰。

每餐飯前，我們都會禱告，也從來不曾錯過在鄰村比斯哥毘策的週日彌撒。天主教信仰深深地鐫刻在每個波蘭人的心底；它是國家靈魂與激勵人民深刻信念的極致表現。每週日，我們都會唱國歌——由東布羅夫斯基（Dabrowski）於一七九七年所創作的的馬祖卡舞曲；歌詞美麗而富有力量，「波蘭沒有被消滅，只要我們還活著。而所有外來暴力所攫取的，我們都會以手中的軍刀將其索回。」

「我在高地長大。我們稱之為『小波蘭』，位處華沙與克拉科夫之間的歷史中心、維斯杜拉河支流之一的維普日河邊，是一片平坦而寧靜的自然景致。」

幾隻鳥……

新波蘭，我長大的地方，歐洲最古老的國家之一，當時已消失了一百二十五年，因為它被三個鄰國：俄國、普魯士及奧地利所瓜分。妻子伊莎貝爾的家族中，幾位波托茨基成員的命運，就是這樁歷史事實最好的證明。她的祖父約瑟夫・波托茨基（Joseph Potocki），於西元一九一〇年當上俄國議員，改革了俄羅斯帝國。她母親的曾祖父，費迪南德・羅吉維（Ferdinand Radziwill）是柏林德國聯邦議院的一員。她父親的祖父，阿爾弗雷德・波托茨基（Alfred Potocki），甚至是維也納皇帝法蘭茲・約瑟夫一世（Emperor Francis Joseph）的總理，那是種特殊信任的標誌，同時也是給予其管理奧匈帝國（Austro-Hungarian）統治下的波蘭區域，有絕對的自主權，並因其在行政與公共設施的品質，而留下一筆可觀遺產。

一九一九年，波蘭恢復獨立，但由於長久以來都處在領土所分割的狀態，基礎十分脆弱。儘管有伊莎貝爾祖父約瑟夫・波托茨基的努力，凡爾賽公約依舊剝奪了它數萬公頃的土地。與烏克蘭新邊界相鄰，僅餘約兩公里。同一時間，新波蘭軍隊在華沙城門與蘇聯的一場大戰取得勝利。這場戰役被稱為「維斯杜拉河的奇蹟」，成功抵抗布爾什維克黨人（Bolsheviks）的猛攻，進一步將他們往東邊逼退。年輕有為的法國軍官夏爾・戴高樂（Charles de Gaulle），當時也在該戰役中，他告訴一位朋友說：「重大災難即將來臨。」一九三九年波蘭第四次分裂，在希特勒的德國與蘇聯強權間，飽受納粹的佔領，以及德蘇兩大極權巨頭戰爭的摧殘，波蘭陷入了歷史上最黑暗的時期。數百萬波蘭人喪生，大屠殺幾乎摧毀了這個國家的猶太社區。波蘭，滿目瘡痍，往西搬遷了數百公里才得以重建，多年來在鐵幕（Iron Curtain）的另一邊勉強生存。

在我被外祖母「綁架」後，我父親十分擔心我的教育，因此，他派了一名家庭教師到特拉夫尼基。家庭教師在絕望中，回了幾封極為煩惱的信給父親。「如果我有機會見到您的兒子，我可能會對他有幫助。但他不是整天都在馬廄裡，就是光著腳四處亂跑。您最好在問題尚未變得嚴重前，過來瞭解情況。」就這樣，我的波蘭童年走到了盡頭。

不會再有第三次的「綁架」了！一九三四年，我回到了法國。我和哥哥米歇爾每年夏天都會造訪波蘭，哥哥和柯莫若芙斯卡阿姨留在格沃夫諾，我則待在特拉夫尼基。我們最後一次的停留就在第二次世界大戰爆發前的夏天。當時我十三歲，我們離開前的那天，外婆說：「去打獵，帶幾隻鳥回來。」

一九三九年八月三十一日，我們兩兄弟搭乘末班車離開波蘭。在車站，親眼目睹波蘭的戰力動員，男性們興致勃勃地加入兵團，而他們的妻子則是悲傷難捨。隔天，九月一日，清晨四點三十分，希特勒軍隊的鐵蹄入侵了我出生的國家。

第二次世界大戰後的共產主義，導致了梅爾基夫和特拉夫尼基永遠的滅亡。貴族的產業被沒收或瓦解，城堡無人維護，慢慢地從景觀中褪去顏色；地主們遭到殺害、驅逐、遷往城市或移民。我生命的最初幾年，是在一九一四年前的歐洲，一個基於社群、階級、傲人地位與尊嚴觀念的社會中所度過的。但願我因而繼承了一些珍貴價值：榮譽感、誠實、尊重他人、待人處事與判斷決策——一言以蔽之，就是「做自己」的價值觀。

多年後，我多次返回波蘭。第一次是在一九六七年，與妻子前去參加她外公，亞努什·羅吉維王子（Prince Janusz Radziwill）的葬禮。我透過飛機的窗口，再次看到童年美好的碧綠色鄉村，內心十分激盪不可自抑，坐在身旁的人甚至問我：「你還好嗎？」

「我生命的最初幾年，是在一九一四前的歐洲渡過，一個講究社群、階級、傳統、地位的驕傲及觀念依然為主流的社會。」

感謝那段在波蘭的童年時光，它讓我成為了一位世界公民，除了用法國人的方式觀察和探索事物，還能具有更寬廣的視野。我在一個國家開始了我的生命，然後為了另一個遇到其他問題及其他人的國家而離開了它。但我從未忘記過波蘭語。伊莎貝爾和我會以波蘭語交談，尤其是我們想保有隱私的時候！也因為這樣特殊的成長背景，我無論到哪裡、和誰在一起或任何情況下，都能非常自在。

一九八五年，和教宗若望－保祿二世（Pope Jean-Paul II）在羅馬，伊莎貝爾和女兒莉堤夏倍伴在旁。

科西嘉的景觀。

第二章

歐納諾這個姓氏

沿自西元十六、十七世紀的歐納諾
（Ornano）家族盾徽。

「我們是古老科西嘉家族『歐納諾』[1]的後
裔，從西元十六到二十世紀之間，它產生
了三位法國元帥（Maréchaux de France）、
幾位法國將軍及部長。」

---

1 譯註：Ornano，中譯「歐納諾」與 d'Ornano，中譯「多納諾」，原為相同姓氏，系出同
一家族。在該家族受冊封為貴族之後，姓氏改為「多納諾」。

我們是古老科西嘉家族「歐納諾」的後裔。從西元十六到二十世紀間，這個家族產生了三位法國元帥、幾位法國將軍及部長。我們承繼自桑比霍‧科霍索（Sampiero Corso），一個孜孜不倦、率先效忠法國的十六世紀的科西嘉英雄。他的兒子，阿方斯（Alphonse），是凱瑟琳‧德‧梅迪奇（Catherine de Medici）、查理九世（Charles IX）、亨利三世（Henri III）和亨利四世（Henri IV）的朋友，更是多納諾家族三位法國元帥中的第一個。第二個是他的兒子尚－巴蒂斯特（Jean-Baptiste），第三個則是他的後代之一，菲利普－安托萬——瑪麗‧維勒夫斯卡的先生，同時也是拿破崙的表弟；菲利普－安托萬原是伯爵與帝國將軍，直到拿破崙三世時，才晉升至法國元帥的職位。

然而在西元二十世紀初，我那賭徒祖父阿方斯‧安托萬‧多納諾（Alphonse Antoine d'Ornano）熱愛賭馬，輸光了大部分財產，甚至在一夜之間，輸掉了他的家。相傳他與英國彩票公司賭他的馬會贏得三冠王（Triple Crown）（三場比賽連勝）：二〇〇〇金幣錦標（2000 Guineas Stakes）、愛普森賽馬大會（Epsom Derby）及聖烈治錦標（St. Leger Stakes）。不幸的是，他的馬贏得了前兩項，卻在第三項時屈居亞軍！

不久後，我那年僅五十九歲的祖父，坐在熾烈燃燒的壁爐前，死於心臟病發作。當時是一九〇八年，父親才十四歲。此命運的轉折及家族威信的墜落，永遠烙印在他的人生、內化在他的個性裡。

聖瑪麗亞錫謝（Santa Maria Siché），
歐納諾家族的誕生地。

從梅迪奇到法國國王：
桑比霍・科霍索，
第一位科西嘉英雄

桑比霍・科霍索，歷史上第一個科西嘉偉人與令人敬畏的傭兵隊長。他獻上他的劍，效忠於梅迪奇及之後的法國國王。

多納諾家族可追溯至十三世紀晚期，位於科西嘉島南部阿雅克肖（Ajaccio）的封地。十五世紀初，卡羅・歐納諾（Carlo Ornano）的兩個兒子——奧蘭多（Orlando）和阿方索（Alfonso），創造了多納諾家族未來的兩大分支。著名的桑比霍・德・巴斯德里卡（Sampiero de Bastelica）又稱桑比霍・科霍索，則是出自阿方索・歐納諾這支；因為他，我們的家族故事才得以真正揭開序幕。

十五世紀末期，桑比霍出生於科西嘉島上巴斯德里卡（Bastelica）和巴斯德立卡札（Bastelicaccia）城鎮附近。他的母親雖是貴族與歐納諾家族的後裔，他卻只是一個平民，一個將家族牛群從平原趕到山區的年輕牧羊人。但是，他不會永遠如此。在科西嘉島上，身為首位對挾持整個國家的熱那亞共和國（Republic of Genoa）揭竿起義的人，他的名字就像帕斯卡爾・保利（Pascal Paoli）和拿破崙般響亮。

這位偉大的科西嘉傳奇，無疑地是一個崇尚自然而特立獨行的人。他很年輕就離開他生長的貧困島國，前往歐洲大陸，為梅迪奇家族[2]——佛羅倫斯統治者並為之帶來榮耀的偉大王朝工作，闖盪出自己的名號。他曾多次捲入戰役，桑比霍也因此成為義大利最年輕、最

----

2 著名的佛羅倫斯（Florentine）家庭從文藝復興時代（Renaissance）起送給了法國兩位皇后，凱瑟琳・德・梅迪奇，國王亨利二世（King Henri II）的妻子及瑪麗・德・梅迪奇（Marie de Medici），國王亨利四世的妻子。

知名的傭兵隊長之一，是項了不起的成就。一五三三年，梅迪奇家族加入了法國，成為同盟，於是他跟著他們轉而效忠法國國王。

身為第一位披掛上陣，成為法國軍隊一分子的科西嘉人，桑比霍參與過馬里尼亞諾（Marignan）對瑞士的大捷，及帕維（Pavie）反對皇帝查理五世（Emperor Charles V）的敗仗。國王弗朗索瓦一世（King François I[st]）[3] 任命他統領一萬名的強大科西嘉軍團，並於一五二七年拔擢他，授予步兵上將軍銜，隸屬法國元帥之下的最高官階。桑比霍・科霍索從此成為所有圍城與戰鬥中不可或缺的一分子。他在戰鬥中的傑出表現，就如波旁王朝總管（Constable of Bourbon）所說：

「夜晚的戰役，他比一千個人更有用。」

法國國王弗朗索瓦一世去世，他的兒子亨利二世[4]繼位。不久，桑比霍返回科西嘉島，迎娶弗朗索瓦・多納諾（François d'Ornano，在科西嘉島衝突中支持熱那亞的有力貴族）唯一的女兒凡妮娜（Vanina）。當時，他四十五歲，而她二十三歲。這樁婚姻是建立在他身為法國國王的高階軍官所獲得的聲望及影響力之上。

當桑比霍再度踏上他的原生島嶼，他其實已被熱那亞人關押了一段時日，對他嚴密提防，視他為死敵。然而身為代表國王亨利二世征服科西嘉島的鬥士，他開始了一場漫長的戰役，最後徹底殲滅熱那亞的部隊。

3　就是在這位華麗、優雅、誘人的法國國王統治的一五一五年至一五四七年中，大多數在羅亞爾河的城堡，例如香波堡（Chambord），得以被修建。然而，儘管他贏得了馬里尼亞諾戰役（Battle of Marignan）（一五一五），卻在帕維戰役（Battle of Pavie）（一五二五）中被皇帝查爾斯・昆特（Emperor Charles Quint）擊敗，並遭囚禁。最終，他還是未能阻止天主教徒和新教徒之間的衝突，成為贏回他王國的阻礙。

4　一五四七年至一五五九年的法國國王，正當亨利二世備受其一生最愛的黛安・德・波迪耶（Diane de Poitiers）青睞之時，卻在比賽中受到蘇格蘭衛隊（Scottish Guards）隊長蒙哥馬利（Montgomery）以矛在其眼部造成了致命傷。黛安・德・波迪耶是兩座壯麗城堡：安那堡（Chateau d'Anet）及在羅亞爾河河谷的舍農索城堡（Chateau de Chenonceau）的主人。他的英年早逝，加上兒子們都尚未成年，便將法國交給了他的妻子凱瑟琳・德・梅迪奇攝政。

科西嘉島首度成為法國的領地，但時間不長。隨即被法國與熱那亞
（其中多數是凡妮娜的家人）的黨人瓜分占領。數年後，桑比霍因懷
疑妻子叛國，中途攔截了要將她載往熱那亞的船隻。凡妮娜被帶回法
國南部，並且由她的丈夫判處死刑。她接受了她應得的刑罰，但要求
死在自己丈夫的手裡。桑比霍在親吻她後，便將圍巾繞上她的脖子，
勒死了她……

那是個殘酷的時代，每個人都是無情的。相傳這個悲劇——其實讓
人聯想起英國國王亨利八世（King Henry VIII），曾經斬首他的兩位
妻子、英格蘭皇后：安妮·博林（Anne Boleyn）與凱瑟琳·霍華
德（Catherine Howard），啟發了莎士比亞寫出經典名劇《奧賽羅》
（*Othello*）。有相當長的一段時間，科西嘉島因桑比霍·科霍索的名
字而聞名法國及整個歐洲地區。

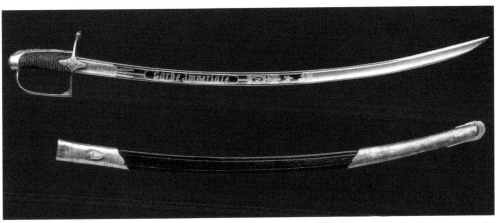

法國元帥菲利普—安托萬·多納諾的劍與劍鞘，現今收藏於榮軍院（Les Invalides）的國家
博物館。

阿方斯・多納諾（Alphonse d'Ornano）——亨利三世[5]及亨利四世[6]的劍客

阿方斯・多納諾，桑比霍的兒子，繼承了他母親的姓氏及他父親努力成就的事業與威望。從他父親放下的地方再度崛起，兩年來他試圖對熱那亞持續征戰。然而，科西嘉人對這些無休止的戰鬥及戰後殘破的景況感到精疲力竭，他最終採納了法國的意見，簽署與熱那亞共和國的和平條約。他永遠離開了他的原生島國，再也沒有回去；在被當作「法國王侯榮耀之子」扶養成人、成為王儲男侍的法國展開新生活，然後跟隨父親腳步，帶領兩百人在宗教戰爭（Wars of Religion）時復出，挺身維護天主教，並打出支持王室旗幟。受到查理九世[7]及凱瑟琳・德・梅迪奇[8]的熱烈歡迎，他為他們獻上了做為一名督軍的天賦和由家鄉人民所組成的強大「科西嘉軍團」，以及他的忠誠。儘管皇家黨風雨飄搖，但無

阿方斯・多納諾。國王亨利四世使桑比霍・科霍索的兒子成為家族裡的第一位法國元帥（未署名肖像畫）。

---

5 「瓦盧瓦王朝」（House of Valois）的最後一任國王（一五七四——一五八九）被修士雅克・克萊蒙（Jacques Clément）刺殺身亡。他把他的王國留給了新教徒的王子，亨利・德・納瓦爾（Henri de Navarre，意即：納瓦爾的亨利），其後成為亨利四世。

6 首位從「波旁王朝」（House of Bourbons）登上王位的國王，他皈依了天主教，以奪回自己的王國，而其王國之所以能夠被綏靖，則要歸功於天主教徒和新教徒之間簽署的「南特詔令」（Edict of Nantes）（一五九八）。在他於一六一〇年被暗殺之時，他正準備對西班牙開戰。

7 亨利二世次子的統治，因為發生於一五七二年八月二十四日「聖巴泰勒米日」（Saint-Barthelemy's Day）的新教徒大屠殺，而沾上汙點。

8 一五一九年出生在佛羅倫斯，這位亨利二世的遺孀於她的兒子弗朗索瓦二世、查理九世在位時，以及亨利三世在位的部分時間裡，於撕裂該國的宗教戰爭中期治理法國。她被稱為「黑寡婦」，儘管她在敵人陣營之間的調停政策摧毀了這個國家，至今在法國的歷史上，她仍然是個有爭議性的歷史人物。

論它以何種方式被削弱、欺騙、違抗，都可仰賴科西嘉的領袖與他的人馬而維持於不墜。近半個世紀以來，阿方斯可謂是南法地區對君主政體最忠實的支持者。歐納諾和他的人馬在南法的某個城市被無情地圍攻，卻也在那裡承擔駐軍職責，並為其他地區提供援助或掩護撤退。

永無止盡，不斷重複的狀況，讓人身心俱疲……其間，阿方斯在普羅旺斯的索米埃（Sommières）城門口曾兩度受傷。一五七三年圍困期間，一千名天主教徒死去，而阿方斯在衝鋒陷陣途中，右腿嚴重受創。三年後，則是被火繩槍擊中，卻堅持站到戰鬥結束，甚至在癱倒擔架前，還先去慰問了幾名傷兵。

歐納諾與法國國王的黨人始終維持著密不可分的關係，也曾幫助新教徒從天主教同盟與信徒手中奪回自己的王國。新任國王讓歐納諾和他的部屬成為法國公民，並給予他極高的讚美。「比起我身旁那些自滿的人，你雖非生為我臣民，但你的效忠更勝一籌！」

一五九四年二月七日，他出其不意地從薩瓦公爵（Duke of Savoie）手中重新奪回王國的第二大城市里昂，此一壯舉為他贏得了聖靈騎士（Knight of the Holy Spirit）軍銜（預留給地位最高的法國貴族階級）的晉升。同年九月五日，阿方斯・歐納諾從國王手中接下了法國元帥的權杖。

和平恢復了，亨利四世於一五九九年賜予阿方斯「吉安中將」（Lieutenant-General of Guyenne）的頭銜，一個只為皇室成員所保留的階級稱號。兩年後，阿方斯當選波爾多市長。在市長任內，他證明自己是個優秀的管理者。一六〇四年的一場瘟疫，讓波爾多元氣大傷，但他展現出對公共事務的致力奉獻，不僅拒絕依照上流社會的慣例離開波爾多，反而繼續待在城市裡進行監督工作，確保患病居民的淡水供應。一六一〇年一月二十一日，僥倖逃過瘟疫的阿方斯・多納

諾，卻因一種罕見的「僵硬性皮膚（石頭人）症候群」（'Stone Man' syndrome）死於巴黎，讓幾個月後慘遭狂熱的天主教分子哈瓦亞克（Ravaillac）刺殺身亡的亨利四世國王及波爾多的居民深切地懷念。在波爾多這個重要的港口，有一條街和一扇門永遠保存了對他的記憶。而在里昂，這個他曾左右其命運的城市，也有一條以他來命名的街道。

十六世紀的波爾多港。十七世紀初期，尤其是一六〇四年的瘟疫時期，阿方斯・多納諾時任該市市長。

尚－巴蒂斯特·多納諾
的悲慘命運

尚－巴蒂斯特·多納諾。由國王路易十三（King Louis XIII）授階法國元帥的他，之後卻被關押在溫森城堡（Château of Vincennes），於該處，他死於一種詭祕未知的方式。（未署名肖像畫）

身材高大、外貌英俊又聰明機智的尚－巴蒂斯特·多納諾，一如他的父親和祖父，是位具有才華、榮譽感與力量的軍人，而他也是曾最接近權力中心的一位。十六歲時，他就已經拿起父親的韁繩，率領「科西嘉衛隊」（Corse Guards）到處征戰！孰料，他日後竟成為陰謀中的被迫參與者。當時攝政王后瑪麗·德·梅迪奇的最愛——孔奇尼（Concini），即昂克爾侯爵（Maréchal d'Ancre），因十六歲的路易十三[9]國王亟欲從母親手中奪回權力，而遭到暗殺。當孔奇尼於一六一七年四月死亡，尚－巴蒂斯特·多納諾是第一個向年輕國王回報「他的命令已被執行」的人，「我的主人，完成了。」隨即，他就打開羅浮宮的一扇窗，接著高舉年輕國王的手臂，讓他接受群眾的歡呼擁戴，進一步確認政權的合法性。而他的舉動，無疑成為瑪麗·德·梅迪奇與紅衣主教黎胥留（Cardinal de Richelieu）的死敵，最終導致他悲劇性的未來結局。

與此同時，尚－巴蒂斯特的官運亨通。他成為路易十三的弟弟、「加斯東家族」（House of Gaston）的領袖。國王的弟弟總是被人稱

9　路易十三，一六一〇年到一六六三年的法國國王。由於紅衣主教黎胥留的緣故，他削弱了貴族以及新教徒的權力，並弱化哈布斯堡王朝（直至當時一直主導歐洲）的影響力。

作「先生」，是當時王位的繼承人，因路易十三和「奧地利的安妮」（Anne of Austria）[10] 婚後尚未產下繼承人，而未來的路易十四（Louis XIV）[11] 則要到很久以後才誕生。尚—巴蒂斯特開始領導一個兩百人的皇室，並在一六二六年初，在「先生」的影響下，他當上了元帥。但此次的升遷卻讓國王感到不安，對於這樣一種權利崛起的結果充滿危機感。紅衣主教黎胥留則反唇相譏：

「想要囚禁一個法國元帥，不會比囚禁任何一位男士要難。」

尚—巴蒂斯特・多納諾是個允文允武的全才之人，除了不遺餘力地教育他的門徒，並與當時的知名作家、藝術家和科學家們常有往來。

然而，危險的政治遊戲正圍繞著國王的弟弟醞釀發酵。尚—巴蒂斯特逐步被捲入一場不僅要除去紅衣主教黎胥留、同時也要除去身體虛弱的路易十三、並要將其妻子「奧地利的安妮」改嫁給「先生」的陰謀之中。

法國政府吉凶未卜，但貴族階級亟欲報復王室的力量正在崛起。回憶錄中，勢力強大的紅衣主教黎胥留 [12] 寫道，但不免有誇大之嫌。

「多納諾元帥正在密謀一件大事。」

陰謀旋即被路易十三和紅衣主教黎胥留化解。尚—巴蒂斯特・多納諾

----

10 西班牙國王菲利普四世（King Philippe IV）的姐姐。路易十三終其統治期間，都一直提防著她。而繼承人，未來的路易十四的誕生，卻使她在其丈夫去世後得以攝政王國。她協同紅衣主教馬薩林（Cardinal Mazarin）在「投石黨亂」（Fronde）的紛擾時期，一起治理法國，直到她的兒子成年。

11 路易十四，出生於一六三八年，自一六六三年至一七一五年為法國國王。這位「太陽王」（Sun King）長達七十二年的統治，是凡爾賽宮（Château of Versailles）的建造者，寫下法國歷史上最長、最輝煌的一頁。

12 這個可怕的人物，紅衣主教黎胥留公爵（一五八五—一六四二），被稱為路易十三的「第一大臣」（First Minister），他加強王權，準備君主專制的到來。他後來於一八四四年在大仲馬（Alexandre Duma）的《三劍客》（Three Musketeers）中永垂不朽。

遭到逮捕，囚禁在溫森堡的地牢裡，並於一六二六年九月二日，在審判尚在準備之時，以四十六歲的年紀神祕地畫下句點。他是因為監獄的惡劣環境而自然死亡？抑或是遭到下毒、勒斃、斬首？當家人取回屍身時發現，他的頭顱被用金線重新連結身體。不管真相為何，他的死亡讓可能造成皇后與「先生」感到尷尬的審判，都被一一排除。

國王下令將尚─巴蒂斯特·多納諾的遺體回歸他的遺孀「蒙特洛伯爵夫人」（Countess of Montlaur），她把他葬在陵墓裡。該陵墓現今仍可在尚─巴蒂斯特·多納諾曾任男爵的阿爾代什省[13]奧伯納區的一間小教堂中看到。

一個擔任過「先生」私人家教與法國元帥的人，至高的權力曾垂手可得，但他的生命終結卻依舊成謎。在我的眼裡，答案就在他棺罩上那首詩的前幾句。

「如果追隨我父親，只效忠我們的國王，我會是幸福的。但從屬於他弟弟的那一刻起，我就毀滅於麻煩與不幸中。」

祖父桑比霍、父親阿方斯及遠房親戚菲利普─安托萬，他們力量背後的祕密，都在於只做其所效忠之君主的忠實臂膀。

---

13 韋瓦賴（Vivarais）地區一個古老的省，這個位在法國東南方風景如畫的地方，坐落於隆河（Rhône）的右岸。

HENRICVS IIII REX GALLIÆ
ET NA VARRÆ

順時針從左上起：弗朗索瓦一世、亨利四世、「奧
地利的安妮」與路易十三。在多納諾的家族歷史
上扮演重要角色的三位法國國王及一位皇后。

法國元帥，
專職管理皇家戰馬

元帥是在「墨洛溫王朝」（Merovingian）宮廷中掌管皇家馬隊的職位。中古世紀，他是負責馴馬、指揮皇家前鋒部隊及決策第一個開火攻擊敵人的人——而最重要的，他是一個全然屬於國王和皇家戰馬隊的人、一個等同於家人的存在。「波旁王朝」開始，在路易十三統治時期，紅衣主教黎胥留將法國元帥改為最高軍階，享有「皇家官職」（Grand Officer of the Crown）的頭銜，在其之上便是皇室的王子。

「權杖」（棒）是法國元帥軍銜最典型也最尊榮的標誌，尤其是在路易十三的時代。它是一個木製的圓柱體，二十英吋長（五十二公分），覆以寶藍色絲綢，繡有法蘭西王室紋章（帝國時代為鷹，今日為星星）。自豪的座右銘「Terror belli, decus paciis」環繞鑴刻於頂部，意思是「它是戰爭時期的恐懼、和平時期的尊崇」。

法國元帥菲利普—安托萬・多納諾的權杖，裝飾著帝國的鷹徽。

菲利普一安托萬・多納諾，兩個帝王的榮耀

尚一巴蒂斯特過世後，多納諾家族經由一個皇后和一個紅衣主教殘酷的手段，從法國歷史上消失不見！但是其家族卻在以菲利普一安托萬・多納諾，一個遙遠的奧蘭多・多納諾（Orlando d'Ornano）老分支的後裔，在不到兩百年的時間再次崛起。盧多維科・多納諾（Ludovico d'Ornano）與伊莎貝爾・波拿巴（Isabelle Bonaparte）——拿破崙・波拿巴（Napoleon Bonaparte）唯一的女兒，她的第五個兒子，拿破崙皇帝（Emperor Napoleon）的叔公，一七八四年一月十七日在阿雅克肖出生。

這個年輕的科西嘉人有幾項特殊之處：他對祖國的愛根植於他的家族，於一七六九年就已永久成為法國領土的小島的家鄉，再加上軍事傳統及與拿破崙・波拿巴的親屬關係（他是拿破崙・波拿巴直系的表弟）。儘管君主制已經消失，但大革命後，機會與作為一樣平等——而未來皇帝所採用的方式，為這名年輕的科西嘉人開啟光明的未來。他的命運是堅決且完全拿破崙式的，因為菲利普一安托萬・多納諾的生命，會不斷地與偉大的拿破崙的冒險相互交錯。

菲利普一安托萬・多納諾的軍旅生涯，迅速熱情地以義大利戰役作為開始。先是橫越了大聖伯納山口，然後在馬倫戈贏得振奮人心的勝利[14]，最後再沿著阿爾卑斯山谷瘋狂疾馳，追逐奧地利騎兵。再來就是由勒克萊爾（Leclerc）（拿破崙的妹夫）領軍，對聖多明各（現在

菲利普－安托萬・多納諾，拿破崙一世最年輕的將軍之一，由拿破崙三世任命為法國元帥，是家族中的第三位法國元帥。（肖像畫作：尚一阿道夫・博斯〔Jean-Adolphe Beaucé〕）

---

14 拿破崙・波拿巴於西元一八〇〇年在義大利對抗奧地利帝國軍隊，獲得勝利。

「這個年輕的菲利普－安托萬有幾項特別之處：根植於他的家族及那個自西元一七六九年已經永久成為法國領土之小島的祖國之愛、軍事傳統及他和拿破崙・波拿巴的親屬關係（他是拿破崙・波拿巴直系的表弟）。」

的海地）的遠征 15，他擔任其麾下的「總參謀長」，平定島上由傳奇人物杜桑・盧維杜爾（Toussaint Louverture）發起的奴隸叛變。這場遠征，同時也涉及到波蘭兵團，卻是一場慘敗，因法國軍隊被黃熱病徹底殲滅。有天晚上，多納諾與七名年輕的參謀軍官立下可怕誓言，如果有不幸發生，讓彼此成為對方的繼承人。三個月後，菲利普－安托萬發現自己竟成為那個擁有七位同袍財產的傷心人。就像其祖先阿方斯在波爾多瘟疫肆虐期間一樣，他不在死神的名單上。

回到法國後，菲利普－安托萬有七年的時間擔任「國防部長」貝蒂埃將軍（General Berthier）的總參謀長。他證明了自己的智慧、效率，以致皇帝本人將第一批「榮譽軍團勳章」（Legions of Honour）的其中一枚授予了他，並任命他擔任「科西嘉步槍團第三大隊」（Third Battalion of Corsican Rifles）的指揮官。多納諾回來了！用十四年的時間，他接續了知名的桑比霍・科霍索與阿方斯・多納諾在法國及歐洲戰場上的天命。

一八〇八年，菲利普－安托萬被任命為「帝國伯爵」（Count of the Empire），參與數場對抗西班牙的戰役，二十七歲時就成為最年輕的准將之一。二十七歲的將軍與伯爵，若是帝國繼續存在，菲利普－安托萬會爬到多高的位置呢？「這真的是一位非常年輕的將軍。」當瑪麗－路易絲皇后（Empress Marie-Louise）的先生介紹菲利普－安托萬給她時，她如此說道！「沒錯，但他已是一名沙場老將。」皇帝回答。

15　一個位在伊斯帕尼奧拉島（Island of Hispaniola）東側的法國殖民地，在西元一八〇四年由其黑人人口群起反抗後，以「海地」為名獲得獨立。

在奧斯特利茨被提及：「由指揮官多納諾帶領的科西嘉步槍團，表現得有如經驗老道的軍團般英勇。」
在耶拿被提及：「科西嘉兵團表現卓越，並且已經攻破城牆……」
在呂貝克（Lübeck）被提及：「科西嘉士兵有如閃電向前挺進……」、「向他們的指揮官多納諾致上最高的敬意。」

在俄羅斯戰役期間，他再次死裡逃生。當時法國軍隊正從俄羅斯嚴酷的冬季撤退，騎在馬上的他被砲彈擊中。在嚴寒的夜晚，菲利普—安托萬被留在屍橫遍野的冰雪裡等死。第二天早上，他的副官前來收屍——卻大吃一驚，將軍居然還有呼吸！拿破崙隨即出動他的私人外科醫生。而為了載運他，動用了皇帝的御用馬車。

在從俄羅斯撤退期間，負責鐵騎軍（騎兵）。

「拿去用吧，」拿破崙說，「我用走的。」

主宰歐洲十餘年的拿破崙帝國，隨著一八一二年占領莫斯科的軍事戰役，再加上西班牙戰爭的影響，走向了滅亡。然而，在一八一四年的戰役之後及拿破崙遭流放至厄爾巴島之前，皇帝將保護首都之「皇家衛兵」（Imperial Guard）的指揮權委任給菲利普—安托萬。

接下來的時間，對菲利普—安托萬來說無疑是困難重重的。隨著拿破崙的流放，他加入了來自波旁王朝新復位的國王路易十八（Louis XVIII）的陣營。然而，拿破崙於一八一五年從流放地返回，掀起所謂的「百日王朝」[16]，也因此讓菲利普—安托萬重新加入他表弟拿破崙的軍隊。

拿破崙曾有意授命為法國元帥的菲利普—安托萬，並未參與在滑鐵盧的最後決戰。因他在一場決鬥中，被挑戰的邦尼將軍（General Bonnet）用子彈打傷胸部。報紙還寫道：他「又」死了。誰也無法斷

16　這個時期是從一八一五年三月到六月，拿破崙從在厄爾巴島的流放中重回政權，而以「滑鐵盧戰役」（Battle of Waterloo）宣告結束。拿破崙明確地退位，被英國人囚禁在位於南大西洋（South Atlantic）的聖赫勒拿島（Saint Helena），一八二一年他於該地去世。

一八一四年四月二十日，拿破崙離開楓丹白露。
圖中最右者為菲利普－安托萬 · 多拉諾。

言，若當時是由他率領騎兵征戰滑鐵盧，結果是否會不同？

他因再度加入拿破崙陣營，以致當拿破崙在滑鐵盧慘遭落敗、波旁家族重新掌權後，被打入黑名單。在效忠新政權之前，他被俘並流放比利時。「一個軍人，」多納諾說，「效忠的是他的國家，而不是一個政府。」

一八二八年，他恢復了擔任軍區指揮官的軍職生涯，而且已是一個眾所皆知的大人物。爾後，他在「七月王朝」（July Monarchy）[17] 時成為法國貴族，並在第二共和國（Second Republic）時成為安德爾－羅亞爾省的國會議員。與此同時，他收購了位於羅亞爾河谷的伯亨斯瓦城堡（Château de La Branchoire），從此將家族扎根落腳在法國的中心地區。但，他的心始終都在別處，和裝有他心愛妻子瑪麗·維勒夫斯卡心臟的骨灰甕在一起。我父親曾感性地說：「只要曾祖父活著的一天，他就不曾與那個他最珍貴的骨灰甕分開過。」

菲利普－安托萬晚年的生活十分精采輝煌。隨著拿破崙三世 [18] 時帝國的回歸，在擔任榮軍院總督之前，他被委任為拿破崙的遺囑執行者、以及拿破崙一手建立的「榮譽軍團勳章」大臣（Grand Chancellor of the Order of the Legion of Honour）。一八六一年四月二日，皇帝拿破

---

17 在查理九世於一八三〇年七月的二十七日、二十八日和二十九日三天倒台（此被視為巴黎人民起義）之後，法國進入路易－菲利普一世（Louis-Philippe I[st]）的統治時代，他是一八三〇年至一八四八年之間的國王。

18 拿破崙的姪子，為法國自一八五二年至一八七〇年的皇帝，他發展了法國的現代化，但他在一八七〇年不敵普魯士，導致其政權的倒台及「第三共和國」（Third Republic）的掌權。

崙一世的遺體移靈至路易斯・維斯康堤（Louis Visconti）於榮軍院穹頂下建造的大理石陵墓。儀式結束後，拿破崙三世拔擢菲利普—安托萬・多納諾為革命與帝國時期最後一位法國元帥，是多納諾家族中第三位持有此位階的家族成員。一八六三年十月十三日，他逝世於榮軍院，遺體至今安放在位於該處的法國元帥墓穴，與安置皇帝遺體的圓頂建築十分接近。

今日的多納諾家族

祖父去世時，我父親是三兄弟中最年幼的。長子菲利普（Philippe），是一名作家，寫過幾本關於家族史的書籍，其中也包括一本關於瑪麗・維勒夫斯卡的著作，當時他二十五歲；次子尚—巴蒂斯特（Jean-Baptiste），二十二歲，他和我的父親一樣，全心經營化妝品事業。一九二〇年，祖母因飽受悲傷折磨，才六十二歲就溘然長逝。但，我的父親，透過胼手胝足地辛勤工作及懷抱一份對多納諾家族歷史的感情，重建了整個家族。當他有了經濟能力，就不斷地購回肖像、物件及與祖先有任何形式有關的資料。米歇爾和我則是一直追隨他的腳步前進。

一九八五年，父親去世後，米歇爾和我依循其意願，將他耐心收集的各種檔案、刀劍收藏、地圖、裝飾品及家族肖像，其中包括由杰哈爾（Gérard）[19] 所繪製的多納諾伯爵夫人瑪麗・維勒夫斯卡畫像，捐贈給榮軍院博物館。當館內「多納諾藝廊」（d'Ornano Gallery）開幕時，適逢《多納諾家族的元帥》（*Les maréchaux de la famille d'Ornano/ The Marshals of the d'Ornano Family*）一書出版，一個關於法國與科西嘉島歷史緊密連結的故事，它的最後一章，目前仍在編撰中！

----
19 弗朗索瓦・杰哈爾（一七七〇-一八三七）：一個在羅馬長大的法國新古典主義畫家，他繪製的肖像畫，包括拿破崙的及他那個時代的其他知名人士，享有盛譽。

「米歇爾和我將父親耐心收集的各種檔案、刀劍收藏、地圖、裝飾品及家族肖像，其中也包括由杰哈爾所繪製的多納諾伯爵夫人瑪麗・維勒夫斯卡的畫像，捐贈給了榮軍院博物館。」

我坐在祖先菲利普—安托萬‧多納諾的半身像與其遺留的兵器之下。

第三章

法國中心區的一片森林

一九三○年代，紀堯姆‧多納諾與
阿赫芒‧珀蒂尚（Armand Petitjean），
「蘭蔻」（Lancôme）的兩位創始人。

「我們就在位於法國心臟地帶的安德爾
河谷（Indre Valley）。我的母親伊麗莎
白深愛的地方。她建議用 Lancosme 做為
丈夫紀堯姆及其夥伴阿赫芒‧珀蒂尚新
創公司的名字。多納諾家族就此展開化
妝品世界的旅程。」

就在法國心臟地帶的安德爾河谷中，有一片森林，數千公頃的廣袤區域，位於被譽為「千湖之地」（Land of one thousand lakes）的拉貝恩（La Brenne）地區。這片森林與當地的路易十三城堡，合稱為 Lancosme。

母親伊麗莎白深愛這個地方，因此建議阿赫芒・珀蒂尚和丈夫紀堯姆新創立的公司就叫做 Lancosme。多納諾家族自此展開化妝品世界的旅程。

弗朗索瓦・科蒂（François Coty）的遺產

幾年前，父親從波蘭返國，遇到弗朗索瓦・科蒂（法國最偉大的調香師之一）時，就已經積累了一些關於香水產業的經驗。弗朗索瓦・科蒂的真實姓名是約瑟夫・馬力・弗朗索瓦・斯波特努（Joseph Marie François Spoturno），一八七四年五月出生於阿雅克肖。年幼時成為孤兒，並移居巴黎。一九〇〇年結婚後，採用妻子的姓氏：寇提（Coti），後改名為科蒂（Coty），

弗朗索瓦・科蒂，現代法國香水產業之父。

因這個姓氏容易發音,而且相較於他自己的姓氏也更為優雅。

根據名片上的頭銜,是「實業家、藝術家、技師、經濟學家、金融家、社會學家」的弗朗索瓦‧科蒂,一手打造了現代的法國香水產業。他清楚地意識到,在此之前由菁英分子所獨享的香水,極可能因合成化學的新發現,而成為一種大量生產、廣受歡迎的產品。天然香精,現在可以透過工業化規模、透過人工合成的方式組合而成。

除了是一名商人,弗朗索瓦‧科蒂也是許多知名香水的調香師,其中包括「玫瑰紅薔薇」、「牛至」、「古老琥珀」、「鈴蘭」、「白丁香」、「鳶尾」、「塞浦路斯」(柑苔調)(之後被命名為「塞浦路斯家庭香氛」)。有些還以知名設計師巴卡拉(Baccarat)設計的瓶身包裝銷售。

科蒂對於行銷有其獨到的天賦與直覺。他表示,「給一位女性你所能做出的最好產品,以無可挑剔的品味將之呈現在一個精緻簡單卻完美的瓶子裡,再標上合理的價格,然後它便開啟了這個世界有史以來最偉大的事業。」

弗朗索瓦‧科蒂率先在百貨公司裡銷售他的產品,除了紐約,還分銷至全球各地。他發明了小瓶裝的香水,然後銷售給前來拯救盟軍的美國大兵。一九二二年,科蒂以極右派的言論開始從政,並買下了《費加洛報》報社。他將總部設在香榭大道的圓環區。

六年後,他創立了一份極受歡迎的小報——《人民之友報》,我父親擔任總裁。一九三四年,在弗朗索瓦‧科蒂去世之時,早已成功打開了現代法國及美國的香水產業。科蒂集團現今在大西洋的彼端依舊炙手可熱、屹立不搖,旗下有卡文‧克萊(Calvin Klein)、巴黎世家(Balenciaga)、薇薇安‧魏斯伍德(Viviane Westwood)、Marc Jacobs 等等這些全球知名品牌的企業集團。

與阿赫芒・珀蒂尚共創「蘭蔻」

當弗朗索瓦・科蒂過世後，他的事業隨即被出售。而他的總經理阿赫芒・珀蒂尚和我的父親出席他的葬禮後，在巴黎附近的盧夫西恩車站月台上，當下決定用科蒂的法國團隊，來成立一家新公司。阿赫芒・珀蒂尚是個白手起家的創業者，同時是也個四海為家的冒險家，尤其對南美洲地區特別熟悉。而我那個在「科蒂集團」擔任業務主管的伯父尚─巴蒂斯特，也加入他們。曾經積極主導「科蒂集團」的擴張，加上他們豐富的產業經驗，阿赫芒・珀蒂尚和紀堯姆・多納諾兩人肩負起這趟新冒險旅程的風險。阿赫芒五十歲，我父親四十一歲，該公司成立於一九三五年二月十九日，共有四名股東：阿赫芒・珀蒂尚、紀堯姆・多納諾、馬克斯・伊夫哈赫特（Max Everaert）及卡利尼王子（Prince de Carini）。

以我家附近的「Lancosme 森林」來為公司命名，是我母親的主意。新公司於二月十六日以 Lancosme 註冊，但是一名巴黎藥劑師卻因此提起訴訟！五月時，Lancosme 的「s」被拿掉，然後將「o」換成有抑揚口音的「ô」，因此演變成「蘭蔻」這個世界知名的名字。

兩位創始人都不希望重蹈弗朗索瓦・科蒂的覆徹：受到合作夥伴的影響，將企業推向大量經銷通路。在經濟危機時期創立的「蘭蔻」，踏出耀眼的第一步，他們在最後一分鐘才向將在一九三五年四月到十一月於布魯塞爾舉行的「世界博覽會」登記參展，蘭蔻一口氣推出了五款知名香水：「征服」（Conquête）、「塞浦路斯」（Chypre）、「熱帶」（Tropiques）、「溫柔夜」（Tendres Nuits）及「樹林」（Bocages），都裝在羅曼斯尼爾（Romesnil）的水晶香水瓶，搭配德爾格（Draeger）設計的外盒。令人眼花撩亂的世博會櫥窗，以及該品牌華麗的巴洛克風格，與當時形勢嚴峻的一九三〇年代，呈現出強烈的對比，也一舉將「蘭蔻」推上了國際舞台。

「給一位女性你所能做出的最好產品，以無可挑剔的品味將之呈現在一個精緻簡單卻完美的瓶子裡，再標上合理的價格，然後它便開啟了這個世界有史以來最偉大的事業。」

弗朗索瓦・科蒂

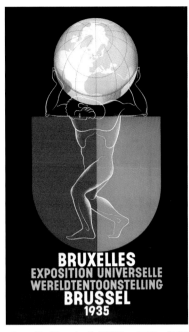

隔年，阿赫芒‧珀蒂尚開發出含有馬血清、蛋白質及維生素的營養霜，並給了它一個特別貼切的名字：「Nutrix」。它成為多年來的暢銷商品。一九三七年，另一項天才的發明：法國玫瑰柔軟唇膏，推出後持續熱賣三十年。然後，一九四二年，「蘭蔻學校」（Lancôme School）在巴黎的義大利大道九號成立，用以培養高素質的技術人員、講師和將在全球代表「蘭蔻」聲譽及專業的宣傳大使。

一九三五年四月至十一月舉行的「布魯塞爾國際博覽會」海報，在此期間，五款「蘭蔻」香水首次與世人見面。

紀堯姆‧多納諾的三大雄心

我父親與阿赫芒‧珀蒂尚是「蘭蔻」早期成功的兩大支柱。一九三九年，我父親的哥哥尚—巴蒂斯特加入經營團隊，他雖未投入任何資金，但因曾協助「科蒂集團」建立事業，並仍持續為集團工作，擁有豐富經驗。我那刻苦耐勞且聰明的父親給自己訂下了三個目標：事業成功、參與政治、辦報紙，希望能重振多納諾這個姓氏。第一項已經成功地實現了；其他的兩項則將會由我哥哥米歇爾來承繼完成。

一九二○年代，紀堯姆‧多納諾在安德爾省——昔日貝里（Berry）的心臟地區（作家喬治桑〔George Sand〕非常喜愛、並經常在書中提及的區域）——開始他的政治事業。家裡租下了賈瑟莊園（Jarzay Manor），位在塞豐河畔穆蘭（Moulins-sur-Céphons）小村的邊緣，之後又買下沙托魯（Châteauroux）附近的拉彭提（La Pointerie）莊園。

位於沙托魯出入口的拉彭提。

十五年來，即使是在戰後時期，這個位於法國中心卻不受戰火波及的安靜小鎮，是容納近八千人的大型美軍基地總部，也是戴高樂將軍撤軍前「北大西洋公約組織」（NATO）的一部分。

做為一九二五至一九四四年塞豐河畔穆蘭的市長，以及一九二八年至一九四五年萊夫魯（Levroux）區的議員，父親不像弗朗索瓦·科蒂，是個溫和的共和黨人。他於一九二八年及一九三二年代表左翼共和黨（溫和右派）入主國會兩次。但是溫和的他曾挺身反對當地的一名政治人物：社會主義者馬克斯·席蒙斯（Max Hymans），此人於一九三〇年代多次擔任部長職務，並在第二次世界大戰後，成為法國航空公司的負責人。一九二八年的選舉被證實為極端封閉和不公。四年後，一九三二年的差異更加懸殊。

因為對政局的灰心，父親遠離了政治，將他大部分的時間傾注到工作和家庭上。他在政治上的撤退，對家族命運來說，無疑是一個重要的

「我吃苦耐勞且聰明的父親，給他自己訂下了三個目標，以便重振多納諾這個姓氏：事業成功、參與政治、辦報紙。」

轉捩點，對我們來說更是一種幸運——從那時起，父親將全部的心力投入到家庭及化妝品事業。

紀堯姆‧多納諾在第一次世界大戰期間，以上校的身分加入戰役，並在第二次世界大戰期間，入伍服役了兩年。一九四四年，父親參與了貝里地區的解放運動，他和母親一起說服了德國將軍亨寧‧博托‧埃爾斯特（Henning Botho Elster）及其兩萬人馬投降。當時因德國戰事吃緊，將軍打算向北撤退，並徵用我們的拉彭提莊園做為總部。但面對盟軍不斷的攻擊，無論是人力或武器都已耗盡，加上羅亞爾河上橋梁的損毀，使得往北撤退的可能性大幅降低。埃爾斯特將軍既非強硬派，也不嗜血，更不是納粹分子。之後我們才知道，這個萊茵蘭德人（Rhinelander），其實與一九四四年七月二十日試圖刺殺希特勒的謀反者有所關聯；他禁止其部隊報復及暴力行為。

一九一四至一九一八年，戰爭期間的紀堯姆‧多納諾。

母親是波蘭人，能說一口流利的德語，她完美地扮演極具智慧的翻譯角色。一九四四年九月六日，讓埃爾斯特將軍願意接受投降的對談，她的存在無疑是決定性因素之一。我的父母先是讓這位德國戰士了解，他現階段的努力根本是徒勞無功，並且說服他選擇唯一合理的解決方案：投降。父親在自家庭院中，將其部隊的慘狀一一指給他看，「將軍，你確定有辦法帶著你的人再往北走？你有自信他們會繼續跟著你？你們已經沒有任何條件再拚戰下去，若再堅持，最終將以流血做為結束，所以你一定要投降。」

理論上，德國將軍是不可能會投降的。但我的父母親面對的是一個有價值觀、願意聆聽、聰明且對於生命相當具有同理心的人。慢慢地，埃爾斯特將軍接受了父母的建議，「如果沒有正當的理由和強有力的保障，我不能投降。我必須讓我的人明白這一點；我必須與我的軍官們商量，因為我需要他們的同意。」

埃爾斯特將軍提出了條件，「我想以戰爭的榮譽，向正規軍隊投降；我的軍隊會在最後的時刻向美軍繳械，但絕不是交給共產主義者或俄國軍隊。」

更進一步的協商會議，於九月八日及九日在謝河畔沙托納的魅雅公爵城堡（Duke of Maillé's castle）舉行。當消息傳到美國人那裡，沒人相信，「兩萬名德國士兵及其將軍全部一起投降？不可能！」然而，九月十日下午，在伊蘇丹副省會埃爾斯特將軍，由兩名軍官伴隨，在美軍第八十三步兵團指揮官羅伯特・C・梅肯將軍（General Robert C. Macon）、辛普森將軍（General Simpson）的參謀長暨美國陸軍第九軍司令貝克上校（Colonel Baker）、英國陸軍少校麥克史代弗（McStafford）（此三人為此場合皆以跳傘降落）和「法國內地軍」（FFI）修梅爾上校（Chomel）見證下，對盟軍簽署了降書。但是基於抵抗運動（Resistance）的要求，正式的投降則是在隔天在阿赫賽小村莊市政廳舉行。

一萬九千六百人、兩位將軍、四百七十位軍官、二十座大砲、十四門 AA 砲、三百三十七把槍、兩萬四千件武器及六百輛車，一字排開，戰爭停止了。可用邱吉爾描述不列顛戰役（Battle of Britain）的那句經典名言重新詮釋，「從來沒有這麼多的人對這麼少的人投降⋯⋯」德國人繼續保有他們的武器，直到九月十六日在羅亞爾河南岸的博讓西橋，以軍事榮譽向部隊進行正式投降。我們親眼目睹這令人難以置信的震撼場面，在這一刻，扛著武器的德軍和美軍併肩站在一起，卻不是打仗。

伊麗莎白和
紀堯姆・多納諾。

一九四四年九月十六日，埃爾斯特的兩萬人馬列隊在羅亞爾河谷的博讓西橋向美國軍隊投降；我的父親與母親在此一事件中，扮演了關鍵角色。

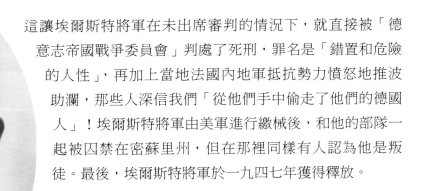

這讓埃爾斯特將軍在未出席審判的情況下，就直接被「德意志帝國戰爭委員會」判處了死刑，罪名是「錯置和危險的人性」，再加上當地法國內地軍抵抗勢力憤怒地推波助瀾，那些人深信我們「從他們手中偷走了他們的德國人」！埃爾斯特將軍由美軍進行繳械後，和他的部隊一起被囚禁在密蘇里州，但在那裡同樣有人認為他是叛徒。最後，埃爾斯特將軍於一九四七年獲得釋放。

「法國的解放」（The Liberation of France）製造出一種加劇的趨勢，在此趨勢中，法國抵抗運動與宣稱在無盟國幫助、自行從占領中解脫的國家宣言，結合在一起；因此，埃爾斯特將軍直接向美軍和平投降的情節，讓法國抵抗勢力實在無法接受。

我父親本人在一開始被指控為，從法國抵抗運動中竊取德國投降軍功者。第一次審判後，巴黎第一軍區的軍事法院將他無罪釋放。之後，他反而因那一天的勸降行動，獲頒一九三九至一九四五年的戰爭十字勳章（War Cross），並頒發有軍事頭銜的「榮譽軍團勳章」。儘管紀念一九四六年阿赫賽事件的牌區，錯誤地提及一個特別的法德插曲，父母親協助勸降協商是整個德軍唯一向美軍投降的事件。埃爾斯特將軍在博讓西橋投降時曾錄影記錄，而整個儀式過程的錄音隨後也在美國各地廣為播放。

在那之前，父親與其事業夥伴就已想法分歧，漸行漸遠。阿赫芒·珀蒂尚的特立獨行且率直不修飾，他相當專橫且主見強烈，相當眼紅於父親的聲望。他打算將「蘭蔻」塑造成一個奢侈的品牌，禁止任何形式的廣告，並且只願意讓香水事業在國外販售，特別是美國。但較為年輕的父親，有更具前瞻思維的規畫，無法認同這樣一個充滿侷限的作法。這也就是：為什麼在戰爭結束後不久，我父親紀堯姆便開始與他保持距離，並協助我們兩兄弟投入發展新事業。

之後幾年，父親持續他在「蘭蔻」任職，而尚－巴蒂斯特·多納諾也仍在該公司工作，他的兩個兒子魯道夫（Rodolphe）和克里斯欽（Christian）不久後也加入。大夥兒繼續為一個最後會轉讓給「萊雅集團」（L'Oreal Group）（該集團當時正積極尋求管道，想進入高級化妝品的領域）的公司工作多年。儘管在一九六〇年代初便擔任蘭蔻總裁，阿赫芒－馬塞爾·珀蒂尚——阿爾芒之子——對於化妝品事業並不熱衷。倒是從兩次世界大戰期間起，寫了幾篇文章和幾本書，搖身一變成了作家，並於一九七〇年代成為生態學的先驅之一。因此一九六四年，阿赫芒·珀蒂尚再次與萊雅總裁弗朗索瓦·達勒（François Dalle）談判，出售他與我父親共創、成立近三十年的公司。我十分欣賞弗朗索瓦·達勒，他是個非常傑出的事業家，他將「蘭蔻」轉化成「萊雅集團」的旗艦品牌、成為一個全球性的品牌。

歷史的下一頁已被翻開，而一個在化妝品世界的全新冒險即將展開，這一次的主角由米歇爾和我接棒。

「因為一九四四年九月六日的行動，紀堯姆·多納諾獲頒一九三九至一九四五年的『戰爭十字勳章』，並頒贈具有軍事頭銜的『榮譽軍團勳章』；這是整個德軍唯一對美國部隊投降的例子。」

一九三〇年代，父母搭乘「法蘭西島」（Île-de-France）客輪橫跨大西洋。

第四章

家族的連結

邁出我的職業生涯的第一步。
左圖：我、米歇爾及母親伊麗莎白。

「對我來說，不管是從波蘭回歸或者說是
抵達法國，都很不容易。沒有任何東西是
可輕易取得的，運氣和幸福都必須經由不
斷的努力，才能獲得。」

對我來說，不管是離開波蘭返回或回抵法國，兩者都很不容易適應。我的法語不是很流利——因為我來自波蘭。但是，與外婆在波蘭鄉間共同生活的那幾年，讓我身體健壯，而這些在我接下來的童年及青春期時是相當有助益的。

我的哥哥米歇爾，像獨生子般在法國長大。我回到法國時，他已經十歲。有一次，我詢問可不可以試騎他的腳踏車。他說他還要用，然後就開始繞著房子騎，直到因為太過疲憊而跌下車，結果摔斷了手臂。

米歇爾和他出名的單車，兩個多納諾兄弟之間難忘插曲的源起！

「運氣需要努力」

這個小插曲並沒有阻礙我們從青春期起就變得關係緊密。我們愛我們的父母，他們所樹立的榜樣深深地影響了我們。我的父親是一個公平、精確、不平凡的人。聰明、有決心、具有積極正向的雄心，同時也是個非常有人情味的人，無論對待家人或員工都是如此。我們非常尊敬他。我的母親則魅力十足，迷人且勇敢。她更是一個努力工作的人，正如她常說的：「天下沒有輕易而來的事物，運氣和幸福都必須經由努力來獲得。」

所以我們都是努力上進的人，而幸運因此隨之而來！在我的生命中，已擁有許多美好時光，即使仍有一些些缺憾，但沒有一樣是能輕易獲得的。

「家庭是我的一切。我真是有幸運星的照拂，才能誕生在一個珍視傳統的家族。」

做為兄弟，我們有著相同的價值觀，但個性卻是天差地別、截然不同。米歇爾有條不紊、體貼周到、家庭至上，卻對賽車非常熱中。而我急躁、活力十足、社交時如魚得水，卻喜歡沉浸在自己的獨處世界裡。米歇爾鮮少出席社交活動，我則是恰恰相反，一向樂於參與社交活動，結識那些不管是對事業有利或只是單純覺得相處愉快有趣的各行各業友人。我隸屬於幾個俱樂部，也加入賽馬俱樂部董事會。但我並沒有把社生活看得太過重要，當然更非社交狂熱者，在內心深處的我，始終是匹跟著直覺走的孤狼，一直渴望獨立。這個世界上，家庭才是我生命中最重要的，而且我感到十分的幸福，能與伊莎貝爾一起共組屬於我的家庭。其次才是事業、國家、大自然、射擊與狩獵，還有我馴養的馬匹。

綜觀幾代，家族都是我們由始至終最珍視的核心。家庭是我的一切。而我真的是非常幸運，生長在一個珍視這個傳統的家族。這種傳承需要有責任擔當，因此讓我們兩兄弟始終有著要想做些有意義之事的想望。我們的祖先上戰場打仗，我們則開創與發展事業，同時關心公眾生活，但相較於父親和我，哥哥米歇爾更是如此。

回到法國後，我才真正學會法文。我被安排到蓬圖瓦茲聖馬丁莊園的聖馬丁學校（Saint-Martin school）就學。教室及宿舍座落在遼闊的校園內，其中還聳立著一棟古老的本篤會修道院和一座十七世紀的城堡，周遭環繞著由勒諾特所設計的花園。我們在學校被教導待人處事的原則，而我祈願這些原則已內化成我的特質與信念，擁有開放的心靈，保持對人的信任、持續對自由的尊重及堅持對創意的渴望。離開那裡後，我接著進入巴黎的法學院就學。

「尚・達爾布雷」香水……

當時我二十歲、米歇爾二十二歲。而他從小接受的培養與我截然不同：成長於貝里的童年、在巴黎就讀由知名的莫里斯・梅洛—龐蒂（Maurice Merleau-Ponty）擔任哲學教授的卡諾中學（lycée Carnot）。其實我們兩人的學習時期都很短暫。因戰爭過後，我的國家仍然需要以配給票分配生活必須品，生活窮困，亟待重建。所以在我父親看來，就如那句著名的俗語所說：「每個人都得捲起袖子，認真工作。」

一九四六年七月，我父親貸款給我們，米歇爾和我便創辦了一個小小的香水公司，「尚・達爾布雷」（Jean d'Albret）。我們有五個合作夥伴，三名多納諾成員、加上亨利・維吉（Henri Viguier）及埃爾韋・德・維萊特（Hervé de Villette）。這樣的創業如今看來可能令人驚訝，但在當時卻非常能夠代表實現我們的想法。對於我們來說，不需要學業有成才能建立一個企業，尤其是對我而言，想法與實際行動之間必須無縫接軌，才能成功的推行新計畫。我以父親傳達給我的，荷蘭總督威廉・奧蘭治（William of Orange）（在英文裡，父親與他有著相同的姓名縮寫與相同的名字！）的一句著名格言為我的座右銘，「不一定有希望才能動手實踐，也非成功才能持之以恆。」。

父親建議用「尚・達爾布雷」這個名字，參考自胡安娜・達爾布雷（Jeanne d'Albret），納瓦拉女王（Queen of Navarre），正是國王亨利四世的母親；該政權讓阿方斯・多納諾成為家族中的第

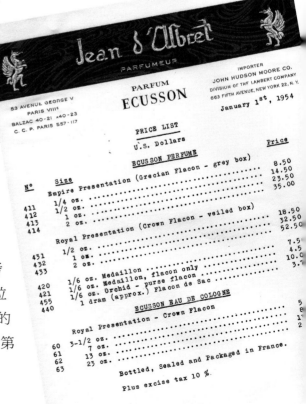

> 「不一定有希望才能實踐行動，也非成功才能持之以恆。」
> ——威廉・奧蘭治

SOCIÉTÉ A RESPONSABILITÉ LIMITÉE
CAPITAL 10 MILLIONS DE FRANCS
R.C. SEINE 313.427 B
R.P. 16.371
C.C.P. PARIS 557.117

Jean d'Albret
PARFUMS
ORLANE
PRODUITS DE BEAUTÉ

53, AVENUE GEORGE V
PARIS, VIIIᵉ
BALZAC 40·21 A 40·23
ADRESSE TÉLÉGRAPHIQUE
O R A L B R E T - P A R I S

「尚·達爾布雷」及
「幽蘭」(Orlane) 香
水在一九五〇年代初
的標題與視覺設計。

一位法國元帥。在法國,這是一個非常老派的名字,也是個外國人幾乎不可能正確發音的名字!在父親與珀蒂尚嫌隙日益擴大、「尚·達爾布雷」香水「盾徽」(Ecusson) 獲得空前的成功之際,讓他在幾年後毅然決然售出手中持有的「蘭蔻」股份,加入我們的行列。我父親紀堯姆·多納諾當然是主導經營的不二人選,他的才華、經驗及專業素養,對這個事業帶來新的動能。當時,他雖已年過半百,但對我們全家來說,是一個最好的示範:父親親自參與兒子們的冒險歷程!

當時他僅由一位祕書(因辦公室沒有暖氣,於是她穿著長褲來上班,在當時可說是相當革命性的行為!)協助,加上兩名年輕的業務員:米歇爾和我。我們的第一間辦公室座落在波伊斯·東格拉 (Boissy d'Anglas) 街,在一棟可遠眺聖奧諾雷市郊路十二號 (12 rue du Faubourg Saint-Honoré) 的大樓七樓,也成為我們眾所周知、久負盛名的地址。一九五二年,我們搬遷至喬治五世大街 (Avenue George V) 五十三號,在那裡度過了許多年。雖然所有的一切都需要從頭開始,但它是屬於我們自己的事業、我們的公司!

二十歲時,我本該完成我的軍事義務,但是由於創業,我申請延後服役。二十五歲時,我終於去了朗布依埃,開始了我的軍涯,再從那裡進入索米爾的著名軍官學校。在朗布依埃的週末,我

的部屬被徵召充當總統狩獵隊的「前鋒」，大夥兒都很抗拒。他們常說：「這比發配到中南半島印度支那還要危險呀，長官！」

就如同每個正統的多納諾成員，我熱愛軍隊，我與我的科西嘉同袍相處融洽，從我抵達的第一天開始，他們就以絕對的熱情來迎接我。役期結束，我再度重返事業體。

一九四六年，「尚‧達爾布雷」推出第一瓶香水——「盾徽」，它是一長串直到七○年代初期仍不斷增加的香水名單中的第一個：「陣風」（Rafale）、「薰衣草」（Lavande）、「絲帛」（Casaque）、「經典」（Classic）、「閣下」（Messire）、「達爾布雷公主」（Princesse d'Albret）、「淡薰衣草」（Eau de Lavande）、「奧德賽」（Odyssée）……在當時，香水就是製造來持續散發香味的。「盾徽」的案例是，它被賣給在法國服役的美軍當成回家的禮物，並且從銷售之初就一炮而紅。它的香味極具吸引力。市面上有兩種款式：香味古龍水及淡香水，「盾徽」還搭配了由皮耶‧西蒙（Pierre Simon）（當時最受矚目的設計師之一）所繪的粉彩圖畫包裝。

在「尚‧達爾布雷」的香水中，「絲帛」是我們家族對馬與賽馬的熱情回憶，於一九五六年特別針對北美市場而創，由華納 - 蘭伯特（Warner-Lambert）負責經銷；因為生意的關係，我們結為好友。他們之後也經銷「幽蘭」的化妝品。「尚‧達爾布雷」香水不只服務女性消費者，我們隨後也研發「閣下」系列，是提供男士所使用的香氛；而「薰衣草」與「淡薰衣草」的清新簡潔，則符合現代消費大眾喜歡乾淨極簡的風格。

以及「幽蘭」美妝品

坐在由里卡多·馬卡宏（Ricardo Macarron）所繪的家父畫像及「幽蘭」系列產品之間。

隨著「盾徽」在市場上創下亮眼銷售佳績，我們才能夠在一九五〇年代初推出一系列的保養產品，此化妝品系列被賦予了與香水完全不同的名字，我們把它叫做「幽蘭」（Orlane），對於這個名字的由來又有許多的傳說。有人認為它是從馬賽爾·普魯斯特（Marcel Proust）《追憶似水年華》（*A la recherche du temps perdu* / *In Search of Lost Time*）中奧里安娜·蓋爾芒特公爵夫人（Duchesse de Guermantes, Oriane）的名字得到的靈感。但是，就如同「蘭蔻」，這次又是我母親的主意。她只是把「歐納諾（Ornano）」的拼字替換了兩個字母：「N」改為「L」及最後的「O」改成「E」。

不同於「尚·達爾布雷」根植於一種較為傳統的形象，「幽蘭」無疑是個絕對科學、絕對現代化的頂級化妝品品牌。「幽蘭」的產品都是透過埃格蒙特·德斯佩華（Egmont Desperrois）所主導管理的研究實驗室調配製作，他是個著名的化學工程師，在戰後的法國化妝品界極負盛名。運用先進技術來分離天然成分的領域，「幽蘭」實驗室的確是在同業中的先進。

一九五三年，我們研究開發了「蜂王漿面霜」（Crème à la Gelée Royale），這是第一瓶以蜂王漿為基底的面霜——具有抗老的功能。受到生活水準穩定成長的驅動，人們保持年輕與吸引力的欲望不斷攀升，「蜂王漿面霜」甫推出即引發熱潮，並且持續地創下佳績，緊跟

在後的便是「星空晚霜」（Astral night cream）。在當時，不願變老，永保年輕，蔚為風潮！於是，我們大膽採用非常前衛創新的廣告企劃。同時在香水及保養品外，再增加了一個彩妝系列，採取略帶侵略命令性的廣告來行銷。我們推出一個宣傳，那一年的女性唇膏的主打流行顏色。「今年，『幽蘭』下旨：妳的妝容會是米白色！」

我們從很早就開始籌畫走向國際，因為對於像我們這種以高標準嚴格追求的產品，要建立起品質形象與聲譽的唯一方法，就是盡可能廣泛地全球行銷，這原則依然適用於目前及未來的公司，一九五三年起，跟隨著「尚・達爾布雷」香水的腳步，我們的產品不僅出現在荷比盧三國、義大利、英國及瑞典，同時也在美國上市。母親和父親負責法國市場，米歇爾和我則負責出口業務。我們兩人兵分兩路，我哥哥管理北非——當時是個大客戶，以及北美和南美；我則是負責西歐與日本——在當時是利潤最高也最有活力的市場。

和我那愛狗的
哥哥米歇爾。

當時，「共同市場」（Common Market）的機制尚未起飛，但因「幽蘭」在義大利的成功，我們得以在熱那亞沿海區設立了一家工廠，負責供應部分的歐洲市場。我花了些時間待在義大利，並學到了一口流利的義大利語。在那個充滿海關「壁壘」的時代，擁有世界觀的我們，被任命為「法國外貿顧問」（French Foreign Trade Advisers），米歇爾同時兼任「全國對外貿易委員會」（National Committee of Foreign Trade）的董事會成員。

一九六三年，我們開設了第一家保養中心；三年後，開辦既是美容中心也是培訓中心的「『幽蘭』研究機構」（Orlane Institute）。一九六八年，推出一舉成功的「B21 面霜」（B21 Cream）——結合了胺基酸及二十一種活性成分，在當時可說是相當複雜的配方！

所有的專家均表示，此產品極富革命性。「B21 面霜」產品全系列的推出，使「幽蘭」一躍成為全球頂級的抗老保養專家之一。不久，我

「當我們大多數的朋友都正在聖日耳曼德佩區（Saint-Germain-des-Prés）的夜店玩樂時，米歇爾和我則正在路上試圖說服負責我們產品品質的調香師。」

們將位於巴黎近郊克利希的工廠（對我們來說太小了，已經不敷使用），移到靠近奧爾良一個非常現代化的廠區中，還能同時容納研究實驗室。

當然，那不是一個容易的開始。戰後的那段日子，路況不好，又沒有高速公路，卻必須走訪全法國的連鎖香水商。還好，我們很年輕。當大多數的朋友都在聖日耳曼德佩區的夜店玩樂時，米歇爾和我則正在趕路，要去試圖說服負責產品品質的調香師！我的一個兒時玩伴，伯納‧弗朗索瓦‧蓬塞曾說：「我們在跳舞時，米歇爾和修伯特在工作；我們有時會在派對上遇見他們，但他們午夜前就會消失，因隔天必須在黎明時分起床，然後到全國各地出差，並且有條不紊地介紹稱讚自家產品的品質！」

在美麗的法國鄉間，我們開著一輛西姆卡五（Simca 5）沿著迷人的、綠樹成蔭的道路行進。由於手頭拮据，有時會接受調香師的晚間接待邀約，也因而與他們建立起親密的友誼。我經常在遭受戰爭蹂躪的法國北部旅行，那裡旅店非常少，住宿始終是個問題。還記得有時在白天回到旅店的房間時，竟發現有其他人正在使用！房東竟是這樣回應我的抗議：「小伙子，我們的房間是租給你晚上的時間，並不包括白天！」

我是一個優秀的業務員，對企業及建立人際網絡有著與生俱來的本能。所有拜訪過的客戶都很難忽視我們！戰爭期間，當父親從軍時，母親接手為「蘭蔻」進行的拜訪行程，而我們兄弟倆則繼承了她的過人精力與波蘭人的商業素養。許多年後，當我們推出「希思黎」時，我與妻子再度拜訪了其中的一些調香師，他們仍然記得我母親那難以抗拒的魅力與練達的應對能力。她很大方，總會帶件禮物或幾句好話給大家。在我的文件裡，依然可以找到——年輕時的我去進行拜訪行程前，她寄給我的長篇建議手寫信函。

我母親抽菸抽得多。一九五四年六月十五日，她五十四歲時，不幸死於癌症。我們全家人沉浸在哀傷中，但她的離世卻也讓我們家人間的關係更加緊密。這巨大的損失，奇特地改變了整個家族命運的行進方向，我哥哥米歇爾也因此前往諾曼第。

新扎根於諾曼第

大夥兒都很擔憂成為鰥夫的父親，試圖讓他的生命有些改變，來沖淡哀傷的情緒。養馬和賽馬一直是這個家族的傳統，一九五四年夏天，我們在米拉索爾的多維爾租下了一棟別墅。並在兩年後買下它成為它的主人。一九三四年，在沙托魯，父親擔任「賽馬協會」（Racing Society）會長時，就已註冊登記參賽顏色：紅黃條紋，黃色的袖子、紅色的帽子。在諾曼第，不管是他自己培育的品種或從知名的多維爾馬場（Deauville Horse Sales）收購的純種馬，他的紅黃色彩都獲得最終的勝利。一九五七年，紀堯姆・多納諾買進由亨利・庫隆（Henri Coulon）在一九二七年創辦的曼尼韋爾哈拉斯（Le Haras de Manneville）育馬場。從一九六九年到一九八二年間，我們擁有曼尼韋爾（Manneville）及其城堡。

紀堯姆・多納諾攝於多維爾的比賽現場。

「對於這名字的由來，又有許多的傳說……就如同蘭蔻，這次又是我母親的主意。她只是把歐納諾（Ornano）的拼字替換了兩個字母：N 改為 L 及最後的 O 改成 E。

在「幽蘭」
的時代。

曼尼韋爾的育馬場裡，父親有幾匹相當不錯的馬，為他贏得許多比賽。除了米斯蒂（Misti），一匹十分傑出的馬外，其他代表紀堯姆・多納諾紅黃色彩的有克羅森（Crossen）、老城堡（Le Vieux Castel）、摩登（Modern）、長子（Firstborn）、福圖喜（Futuril）、閣下（同名香水的由來）及計程車赫斯特（Cabhurst）……牠們都贏得了多項比賽。父親的馬最初是由西爾萬・拉弗傑（Sylvain Laforge）訓練，之後由喬治・布里奇蘭德（Georges Bridgland）接手，而障礙賽的馬匹則是由約瑟夫・奧登（Joseph Audon）進行培訓。在米歇爾投入於公眾生活之前，也擁有幾匹優秀的賽馬，其中之一是「雄壯山岳」（Picfort）。而嫂嫂安（Anne）的純種馬之一「手術刀」（Bistouri），也曾贏得一些比賽。

「米斯蒂」，紀堯姆・多納諾育馬場的明星

迷霧（Mist）是曼尼韋爾育馬場的最佳母馬之一，更是幾匹獲獎常勝馬的母親，其中米斯蒂，系出種馬「子午線」（Méridien），尤其優秀。

米斯蒂共贏得八大比賽冠軍，而且有十五次名列前茅。也因為米斯蒂，紀堯姆・多納諾的紅黃標記顏色多次取得賽馬紀錄上的勝利。兩歲時，牠贏得法國三級賽大獎賽（Prix des Chênes）；三歲時，贏得亨利・德拉瑪大獎賽（Prix Henry Delamarre）；四歲時，加奈大獎賽（Prix Ganay）及米蘭賽馬會大獎賽（Milan Jockey Club Grand Prix）；五歲時，亨利・福伊大獎賽（Prix Henri Foy）、卡德朗一級賽馬大獎賽（Prix Cadran）及在英國的阿斯科特金杯賽（Ascot Gold Cup）。「米斯蒂」也曾於一九六五年兩度橫越大西洋，前往華盛頓（Washington）比賽，但並未獲勝。之後在曼尼韋爾，牠被證明是一匹厲害的種馬，所育出的胡瑟耶爾（Roselière），曾贏得以下大獎賽：戴安娜 （Diane）、米斯特格里（Mistigri）、土倫（Toulon）和雨傘（Umbrella）。另外還有障礙賽的優秀馬匹，如蘆葦（Les Roseaux）與胡瑟（Roselier），兩者都曾贏得法國經典障礙賽（La Grande Course de Haies d'Auteuil）的勝利。

身為賽馬會（Jockey Club）及促進會（Société d'Encouragement）會員，紀堯姆・多納諾自一九七一至一九七八年擔任負責舉辦克蘭風丹・多維爾大獎賽（Le Prix de Clairfontaine-Deauville）的國家奧熱賽馬協會（Pays d'Auge Racing Society）主席。他因此成為賽馬界的名人及多維爾的領導人物之一，在當地，他親切的舉止與他在米拉索爾別墅（Villa Mirasol）熱情好客的待客之道廣為人知。諾曼第海岸大獎賽（Le Prix de la Cote Normande）甚至在一九八五年他過世後，更名為「紀堯姆・多納諾大獎賽」（Prix Guillaume d'Ornano），獻上對他無限的懷念。紀堯姆・多納諾大獎賽，限三歲大的馬匹參賽，在拉圖克（La Touques）賽馬場舉行，目前獎金額度已高達四十萬歐元。

和米歇爾、埃格蒙・德斯佩華（Egmont Desperrois）（掌管「幽蘭」及「希思黎」的研發部，他也愛馬）一起觀看比賽。

我的哥哥米歇爾

這位多納諾家族成員憑藉著半個巴黎人、半隻貝里羊的成長環境，沿著諾曼第海岸，在多維爾開始為自己的家族打響名號。但這還只是他政治生涯的開端。哥哥米歇爾常說，他是在父親當選塞豐河畔穆蘭市長那天出生的！而後，跟著父親進行政治活動的過程中，發現自己對政治的狂熱。當多維爾的市長胡貝赫・赫索希（Robert Fossorier）猝死時，我們被詢問，是否有競選該市市長的意願。米歇爾相當感興趣，「他們想要一個巴黎來的市長，因為前任市長就是巴黎人。」我哥哥說。

他和妻子安（康塔德侯爵〔Marquis de Contade〕的女兒。一九六〇

我與一九七四至一九八一年「共和黨」的總統德斯坦，以及他最親密的政治副手之一、
擔任三任總理的米歇爾——我的哥哥。

年，兩人在美麗的蒙傑夫華城堡〔Château de Montgefrois〕舉行婚
禮〕擁有傑出的政治生涯。幾年後，他當選國會議員，並成為瓦勒
里·季斯卡·德斯坦（Valery Giscard d'Estaing）的兩大副手之一，是
「共和黨」中除了米歇爾·波尼亞托夫斯基（Michel Poniatowski）
外，另一個擁有波蘭血統的政治人物。哥哥還參與了「獨立共和黨」
（Independent Republicans）的創建。一九六七年，他當選卡爾瓦多
斯省（Calvados）的國會議員，在他有生之年數度連任。在多維爾的
第一次選舉，因為老國會成員的過世為他開啟了從政的機會。米歇爾
協助獨立共和黨的運動，讓年輕領導人德斯坦成為代替傳統右翼政黨
的另一項選擇。他在龐畢度總統（President Pompidou）意外逝世後，
成功主導德斯坦的總統大選運作，讓他於一九七四年五月成功登上總
統大位。

做為德斯坦總統在位期間非常具有影響力的人物，米歇爾同時擔任重要的部會部長職位：他連續擔任工業研究部長、文化環境部長及環境生活品質部長。

米歇爾唯一一次的失利是在巴黎市長的選舉。一九七六年在朗布依埃狩獵的一個週末夜，總統把我拉到一旁，然後告訴我，他打算讓米歇爾競選巴黎市長。這是近兩個世紀來，首都巴黎的第一次公民選舉。自法國大革命後，巴黎市一直是由非選舉產生的官員「塞納河提督」（Préfet de la Seine）管理的特別行政區。一如阿道夫・提耶赫（Adolphe Thiers）所言，「我們不能把這麼大的城市命運交付給單一選舉的結果！」他要我試著說服我哥哥。

隔天傍晚，從朗布依埃回程途中，伊莎貝爾和我在布洛涅森林的一家餐廳，參加「調香師年度會議」（Perfumers Conference）的閉幕晚宴。當時擔任工業部長的米歇爾也在那裡。晚餐前，我將總統的願望轉達給我哥哥。他不假思索、直接回應：

「我無法拒絕，但我不會贏，因為巴黎是由戴高樂主義黨（Gaullist Party）所把持的。」

米歇爾的競選活動在一九七六年十一月如期展開——他以聯合獨立共和黨及中間黨派提出的「保護巴黎」（Protection de Paris）的競選主張參選。雅克・席哈克（Jacques Chirac）是當時的總理，他一手創立新戴高樂主義黨（Neo-Gaullist Party RPR）。他與德斯坦的關係不好，常有爭執，所以一月時，席哈克決定辭職，然後回過頭來角逐巴黎市長寶座。他獲得戴高樂主義黨與媒體的全力支援，席哈克輕鬆贏得了一九七七年三月二十日的市長大選，成為巴黎自一七八九年以來的首位民選市長。之後米歇爾決定不在多維爾地區參選，改由他的妻子安出馬角逐。從那時起，超過二十年，她每次都是在首輪投票就漂亮勝出連任。

在見證權力崛起的一九八〇年代，首先是社會黨黨員的弗朗索瓦‧密特朗（François Mitterrand）總統，之後是由雅克‧席哈克領導的聯合政府，米歇爾重回他的政治生涯。一九七九年，他獲選為卡爾瓦多斯省總理事會主席（President of the General Council of Calvados），並自一九八三至一九八六年擔任下諾曼第地區首長，同時也擔任國會中的「財政委員會」主席。

然而，在社會黨黨員密特朗擔任總統期間，米歇爾對政治漸感無趣。一九九〇年代，他把注意力轉向新聞界，這也是我父親另一項熱愛的事物！米歇爾與媒體大亨羅勃‧黑赫松（Robert Hersant），在新近自由的中歐國家（柏林圍牆倒塌後），尤其是波蘭，建立起一項利潤頗豐的媒體事業，他代表黑赫松集團（Hersant Group）買下波蘭具有重要地位的日報《Rzeczposplita》。

不幸的是，一九九一年三月八日，米歇爾在聖克勞德的一場交通事故中意外過世，享年六十七歲。我哥哥還有很多想要實現的事！他留下了妻子安及兩個孩子：女兒凱瑟琳（Catherine）及現在已接管一家報社、股權金融集團（Option Finance Group）及金融著作出版商的兒子，尚‧紀堯姆。

安擔任多維爾市市長，長達二十四年，並擔任卡爾瓦多斯省總理事會主席直到二〇一一年。有點兒像阿方斯‧多納諾在波爾多的貢獻，這位人稱的諾曼第公爵（Duke of Normandy）及其夫人，在多維爾、卡爾瓦多斯省與下諾曼第地區，都留下了顯著的影響。也因我哥哥的持續推動，從巴黎連接多維爾的高速公路方能建成。而卡昂市的新足球場則以他的名字命名。

多維爾做為一個海濱度假、賽馬及週末休閒的勝地，自「咆哮的二〇年代」（Roaring Twenties）後，就一直處於某種程度的休眠狀態。米歇爾和安將其建設成一座出色的現代化城市，同時又保存其傳統特

「米歇爾和安‧多納諾出色地推動了多維爾現代化，而同時也保存了它的傳統特色。由於他們，這個地方再次變得時尚豐富。」

色。即使不在賽馬季節，它都呈現出時尚的風貌。多維爾現在是常常舉行會議與節慶活動的小鎮，例如非常受大眾喜歡的多維爾美國電影節（American Film Festival of Deauville）就是在此舉辦。從一九七七年到二〇〇一年，安·多納諾一直努力延續著米歇爾未竟的工作。

安和米歇爾·多納諾，不論是生活或政治，都是非常契合的一對。他們在多維爾城、卡爾瓦多斯省與下諾曼第地區都留下深刻影響。

獨自掌舵

隨著父親年紀的增長及哥哥的從政，改變了「幽蘭」的方向與狀態。當一九六七年，米歇爾決定要站上國會時，他告訴我：

「我不可能再橫跨政治與商業領域了。我要將自己完全地奉獻給公眾生活。」

當時「幽蘭」已經是一個非常成功的公司，在法國僱用了超過七百名員工，並開發出許多世界知名的產品。在許久之前，我們便已經搬離聖奧諾雷市郊的狹窄區域，遷到位於香榭大道與喬治五世大道轉角，並逐步承接整棟建築物。再之後，就近搬遷至瑪索大道上一棟規模更大的複合式大樓。「幽蘭」無疑是法國頂級化妝品的代表品牌之一，與美國大公司如伊莉莎白雅頓（Elizabeth Arden）、雅詩蘭黛（Estée Lauder）或 HR 赫蓮娜（Helena Rubinstein）一起競逐王座。那時，對於化妝品品牌來說，美國無疑是全球最重要的市場，想要讓品牌持續成長，在美國市場佔有強勢地位，是非常重要的里程碑。就如阿赫芒·珀蒂尚在一九四六年所下的結論，「沒有美國，就沒有前途。」

但想要不虧損地打入美國市場，卻是非常困難。就當地的配銷體制，美國的經銷商占有舉足輕重的位置。對於一個頂級化妝品公司來說，如何在配銷通路廣度及品牌成長速度的風險評估中取得平衡，是十分重要的。為了持續以穩定的速度成長，必須要握有充足大量的資源，這也意謂著當時大多數的香水及化妝品公司都必須考慮合併或出售股份。之前，許多法國品牌已採取類似做法。

因父親的退休願望和哥哥投身政治生涯，當我們決定出售「幽蘭」時，出價者眾，大都來自大西洋彼端，在那裡，幽蘭早已是

知名品牌。我們選擇了諾威奇產品集團（Norwich Products），他們一手打造了莫頓—諾威奇（Morton-Norwich），並且剛與莫頓國際公司（Morton International）合併。其總公司位於芝加哥，所以當我成為董事會成員時，伊莎貝爾和我每年都必須多次橫渡大西洋，在美國度過了一段不算短的時間。

我們經歷了十分美妙的美國經驗，我們熱愛美國，在那裡，我們結交到許多朋友。我們保留了位於紐約的公寓，也更加了解芝加哥，這個地處密歇根湖邊的絕美城市。莫頓—諾威奇董事長在芝加哥擁有一棟三十層樓高的房子，是座道地的中世紀城堡，不僅有角樓，屋頂上還有座貨真價實的蔬果園！然而，在冬季，冰冷的北風會在城市著名的現代建築間狂掃，所以有時不得不緊握住街燈柱，以免被風吹走！

和伊莎貝爾在美國旅行期間，推廣幽蘭化妝品。

在紐約，我們有很多的朋友，而且伴隨著事業營運，擁有相當精采的社交生活。也認識不少紐約名媛，在那裡短暫停留的時間裡，不免被捲入當下的社交旋風中。還記得一些有趣軼事，例如：當穿著長褲的伊莎貝爾被當時相當受歡迎的法國餐廳「La Caravelle」拒於門外。其實就像當年在這城市的所有餐廳一樣，都不允許女式長褲——因此她去了趟洗手間，隨後只穿了繫帶風衣及褲襪回來！

還有一次，伊莎貝爾剛剛移除傷腿上的石膏，決定穿著白色棉質及膝襪，陪我到 La Côte Basque 餐廳。一名《女裝日報》（Women's Wear Daily）的記者拍下了她的服裝。第二天，這些照片被陳列在薩克斯百貨第五大道的櫥窗內，模特兒們全部穿上及膝襪，引發了一場短暫的時尚潮流。美國人總是在找尋新想法，也正是這原因，才使得紐約這個城市處處生意盎然、充滿活力！

我並不樂意我父親與我哥哥決定出售我們從頭開始建立、並正蓬

勃發展的家族企業：「尚・達爾布雷—幽蘭」，但我也沒有足夠的財力買下它們。然而，從長遠的規畫來看，這個決定卻是最明智的。當時哥哥和我都已結婚；我們個人及家庭都將無可避免地走上不同的道路。這項不可避免也不具爭議的分離，結果證明是一件好事。在此時，最年輕的我，也已經準備好走出自己的路！

讓「幽蘭」成為「莫頓—諾威奇」的一部分，同時強化它在海外的地位，與我當時主導營運時並無任何改變。父親是董事會名譽主席，我是執行長，哥哥則保留技術顧問的職務。我有負責財務事項的總祕書吉賽爾・畢度（Gisèle Bidaud）（從一九五三年起一直在我身邊）從旁協助，還有一支緊密合作的工作團隊，包括技術總監埃格蒙特・德斯佩華、產業暨銷售總監路易・德胡瓦斯（Louis de Drouas）及資深副總裁羅蘭・德・聖文森特（Roland de Saint Vincent）。「幽蘭」在「B21 面霜」驚人的成功後，仍持續成長。在接下來的五年內，原本就已是國際集團的品牌，銷售數字竟快速地加倍成長。

一九七〇年代，正在尋找財務支援的時尚設計師尚-路易・雪萊（Jean-Louis Scherrer），加入了我們的團隊。當時「幽蘭」的策略是要建立一個新的香水部門，而雪萊可以帶入高級訂製時裝的完美形象。

那時是一九七一年八月，我和伊莎貝爾在維爾賽季的閉幕舞會上跳舞，看到尚-路易正和其妻子，與我們熟識的勞倫絲（Laurence）共舞。他朝我們走來，然後低聲的在我耳邊說：

「我的官司贏了，我的名聲也恢復了……」
當下，我只說：「明天來找我！」

伊莎貝爾與尚-路易・雪萊在蒙田大道時裝屋的工作間。

尚－路易・雪萊追求「極致女人味」

一九六〇及七〇年代，尚－路易・雪萊是巴黎時尚界最有前途的人物之一。知名的美國百貨公司「波道夫・古德曼」（Bergdorf Goodman）與他簽訂獨家代理的合約，將其與迪奧（Dior）、伊芙・聖羅蘭（Yves Saint-Laurent）、紀梵希（Givenchy）等知名設計師等量並列齊名。一九五〇年代末，他在迪奧受訓，成為路易・費羅（Louis Féraud）旗下的一名設計師。一九六二年，尚－路易・雪萊在聖奧諾雷市郊路一八二號開設了自己的時裝精品店。一九六三年一月三十日，就在這個古老的酒窖裡，舉行他的第一場時裝秀，吸引了來自巴黎上流社會的貴賓與時尚媒體，紛紛趕赴朝聖。他贏得各界的一流評價，他的設計被評為新穎、與眾不同、既感性又充滿活力。「我覺得女性永遠都是女人味十足。而我能加重這種微妙的女性氣質，真是太美了！」原想成為一名舞者的人如是說。

蜜雪兒・摩根（Michele Morgan）、法蘭絲・莎岡（Françoise Sagan）、弗朗索瓦・多莉雅克（Françoise Dorléac）、伊朗皇后法拉・迪芭（Empress of Iran Farah Diba）、男爵夫人馮・蒂森（Baroness Von Thyssen）、帕蒂諾女士（Mrs Patino）：之後的比利時皇后寶拉（Paola of Belgium）、約旦努爾皇后（Queen Noor of Jordan）、拉蔻兒・薇芝（Raquel Welch）、阿內夢內・吉斯卡爾・德斯坦（Anemone Giscard d'Estaing）、伊莎貝・艾珍妮（Isabelle Adjani）等人，都曾穿過這位年輕設計師時尚又多彩的服飾。尚－路易・雪萊是德斯坦夫人的首席服裝設計師。他為她設計了第一套正式的禮服：一套白色緊身無帶胸衣式、綴以低調典雅刺繡的禮服，正是一九七四年，為紀念伊朗國王訪問法國，在凡爾賽宮舉行晚宴時，她所穿著的衣服。在那之前，從來沒有一位法國第一夫人敢這般裸露肩膀！

在他聲勢如日中天時，因其合夥人、紐約商人弗朗西斯・弗朗西斯（Francis Francis）錯誤地將他人製作的服裝以雪萊的品牌為名販售，兩人發生嚴重衝突。之後，尚－路易・雪萊竭盡心力地設法恢復已頗具知名度的品牌名聲，所以這位年輕的時尚設計師積極尋找合作夥伴，以便開始籌備高級訂製時裝屋。「幽蘭」雀屏中選，開啟合夥關係。

我和伊莎貝爾一起親自參與了這位設計師的全新開始。尚－路易・雪萊成了「幽蘭」的子公司，我們以他的名字開設了一系列的成衣精品店。雪萊加入法國高級時裝協會（The Chambre Syndicale de la Haute Couture），取得了「高級訂製時裝」（Haute Couture）的認證標籤，一口氣開設了十間新店舖，其中包括位於巴黎蒙田大道五十一號的全新總部，以及一家在左岸圖爾農街三十一號的店面。一九七四年，尚－路易・雪萊榮獲年度服裝設計師的榮譽。

伊莎貝爾把他介紹給甘迺迪家族，讓他有機會為賈桂琳・甘迺迪打理造型，及甘迺迪總統的妹妹帕特・勞福德（Pat Lawford）及他的母親，羅絲・甘迺迪（Rose Kennedy）打理裝扮。伊莎貝爾參與了每一系列的討論，對尚－路易・雪萊扮演了關鍵且明智的顧問角色，確保這位時尚設計師與「幽蘭」之間的緊密連結。

藉由尚－路易・雪萊，我們接觸到圍繞在「高級訂製時裝」的光環以及附帶的所有優勢，是無形的，卻能遠遠超越一個化妝品品牌的影響力。原本我們還計畫推出同名香水，最終還是未能在我們的時代付諸實現。尚－路易・雪萊這個品牌開啟了伊莎貝爾在藝術經濟領域的觸角。

當我離開「幽蘭」後，芝加哥的管理階層並無意願再持續高級訂製服裝屋的經營。但經過我的不斷斡旋，一九七六年，尚－路易在極優越的條件下，恢復了他的服裝屋與名聲。從那時起，他繼續發展他的事業，並在整個一九八〇年代，以自己的名字做為品牌，在蒙田大道的旗艦店一推出即大獲成功。

一九七四年，我決定不再續簽莫頓—諾威奇公司提出的七年合約。當我和芝加哥團隊在一起時，觀察到他們是怎麼作業的，我調整自己，學習到他們優異的管理方式，非常切中我的需求。美國人一旦做出決定，就會竭盡心力的讓其付諸實現——他們十分擅長做出成果。把想

法帶入且符合生活需要，並即刻履行落實。關於管理事業的方法和規章，則是非常的嚴格與分明。然而，隨著新任領導者的到來，我做為法國「幽蘭」公司負責人的經營自由受到了挑戰，接著，芝加哥高層管理人員的變動開始變得頻繁。因此，我離開了這個我和哥哥共同創辦的公司。爾後，繼續擔任了一年的顧問，直到一九七五年底。

一九七六年年初，我恢復自由之身。可以自由地開始下一場化妝品的華麗冒險，而這一次，將與伊莎貝爾一起。

一九七〇年代初，在我們位於赫許大道的公寓。

第五章

一場新的冒險
—「希思黎」

「我熱愛大自然與鄉村，深信，植物萃取物的科學效用有著令人振奮的未來。簡而言之，我相信植物療法，源自植物的美麗：這是一個非常創新的想法。」

「希思黎」是英國印象派畫家阿爾弗雷德·希思黎（Alfred Sisley，一八三九－一八九九）的名字，也是我與伊莎貝爾所創建的全球品牌名稱。最初是由我的兩名前同事，羅蘭·德·聖文森特與尚－弗朗索瓦·拉波赫（Jean-François Laporte）選了這個名字「希思黎」，來開展他們的小型植物基底化妝品事業。兩年後，兩人來找我提供金錢挹注，我非常乾脆的答應了。一九七六年，我買下他們的全部股份，然後憑藉著我在化妝品界的經驗與專業知識，為「希思黎」打造一個全新的開始。

五十歲時還開始一項新的商業冒險？再賭上我個人的財富？事實上，自戰後法國的道路上出發開始，我內心始終存在著創立新事業的渴望。我想我承襲了整個家族在二十世紀一直保有的創業精神。然而，要在一九七○年代的經濟危機中銷售天然植物萃取所製成的化妝品？願意相信這種想法會有未來的人屈指可數，少得可憐。朋友們紛紛勸我要抵抗對「純淨植萃的狂熱」。而我的一個前「幽蘭」供應商說：「勇往直前吧，我非常佩服你，但是……我更同情你。」好吧！我們繼續前進。因為，不一定要有希望才能開始行動……

我並非孤身開始「希思黎」的冒險，我的妻子就在我身邊。我們會互相開玩笑地說：「希思黎」是我們共同的企業、如同我們的第六個孩子。伊莎貝爾在「希思黎」的創立與成功的過程中，扮演了舉足輕重的角色，更是整個企業不可或缺的靈魂人物。因此，我們會在「希思黎」的所有產品包裝內交錯我們姓名的縮寫 H 和 I。

「我並非孤身開始『希思黎』的冒險，因我妻子就在我身邊。我們會互相開玩笑地說：『希思黎』是我們共同的產業……就像我們的第六個孩子。」

伊莎貝爾

伊莎貝爾·波托茨卡的素描，由里卡多·馬卡戎（Ricardo Macarron）繪製。

一九五〇年代中期，我第一次在巴黎見到她時，伊莎貝爾·波托茨卡十七歲。出生波蘭，從小在葡萄牙和西班牙長大；前往英國求學，然後在法國成立家庭、創辦國際事業……她與我都是世界公民。因為她的家庭及個人背景，可以流利地轉換四種語言：波蘭語、法語、西班牙語及英語，還有些微葡萄牙語。她的人生絕非瑣碎的歷史，更像是小說裡的情節。伊莎貝爾是約瑟夫·波托茨基與克里斯蒂娜·羅吉維（Princess Christine Radziwill）公主的女兒，是兩個最傑出的波蘭家庭：波托茨基和羅吉維的後裔。

波托茨基是個波蘭貴族家庭，其根源可以遠溯至十二世紀時克拉科夫附近波托克的貴族身分。波托茨基家族以政治家、戰爭領袖和作家聞名，在波蘭歷史上已留下了重大的影響，而他們更曾經擁有現今位於烏克蘭西部的巨大莊園。家族成員中的揚·波托茨基（Jan Potocki，一七六一－一八一五），是歐洲文學中重要作品《薩拉戈薩手稿》（Saragossa Manuscript）的作者。而羅吉維，則是立陶宛－波蘭最古老且最負盛名的家族之一。一五一八年起，維爾紐斯省的成員即擁有皇帝查理五世所賦予的「日耳曼神聖羅馬帝國王子」（Princes of the Germanic Roman Holy Empire）稱號。

一九三〇年，約瑟夫·波托茨基與克里斯蒂娜·羅吉維結婚時，波蘭貴族仍過著無憂無慮的日子，沒有警覺末日已逼近眼前。從被占領到波蘭分裂、第二次世界大戰、共產政權建立終將吞沒屬於他們的世界。二次世界大戰爆發時，伊莎貝爾的父親正從事外交工作。當他的國家被侵略、被占領，以致他不得不與波蘭外交部撤往羅馬尼亞時，他的妻子、三名女兒及羅吉維家族成員全被驅逐至位於舍佩多夫卡的俄國集中營，那裡適巧地處波蘇兩國邊界、波托茨基的土地上，

上面從左到右：海蓮娜（Hélène）和約瑟夫‧波托
茨基；雅努什與安娜‧羅吉維（Anna Radziwill），
伊莎貝爾的祖父母及外祖父母；在華沙克拉科夫郊
區大道（Krakowskie Przedmiescie）的波托茨基宮和
尼巴洛夫城堡（Château of Nieborów）的水彩畫。

下面從左到右：第一次世界大戰前，羅吉維家族在
尼巴洛夫的下午茶；出發至安東尼內（Antoniny）
狩獵，在沃里尼亞（Volhynia，今天的烏克蘭）
的波托茨基宮；約瑟夫和克里斯蒂娜‧波托茨基
——伊莎貝爾的父母，與偉大的鋼琴家魯賓斯坦
（Arthur Rubinstein）在馬德里（Madrid）。

這座城堡曾在一九二八年被摧毀。當時幸好有鄰村居民於入夜後偷偷地為他們帶來食物及消息。幸運的是，義大利國王維克多·伊曼紐三世（Victor-Emmanuel III）及戰前就認識這家人的齊亞諾伯爵（Count Ciano），他是墨索里尼的女婿，在一份囚犯名單看到他們的名字。經過他們的干預與斡旋，這家人在數月後全被釋放。

和許多人一樣，我岳母的家人都曾經歷當時波蘭正在經歷的黑暗時代。雅努什·羅吉維王子，伊莎貝爾的祖父，在兩次世界大戰之間擔任波蘭保守黨領袖，並將他在華沙附近尼巴洛夫的美麗宅邸，改建成名人與政治名流招待所。一九三九年，他首次被捕，由蘇聯特勤局（Soviet Secret Service）的內務人民委員部（NKVD）進行審訊。因在德國占領期間，他執行了祕密活動，還參與了一九四四年八月一日到十月二日之間的「華沙起義」（Warsaw Uprising），在此期間，波蘭救國軍（Polish Home Army）起義反抗德軍占領。兩個月中，近二十萬人死亡，該城近乎滅絕。

約瑟夫與克莉斯蒂娜·波托茨基。

雅努什·羅吉維被納粹囚禁在柏林數個月，直到一九四四年十二月。當他獲釋返回波蘭時，再次遭到內務人民委員部逮補，被移送莫斯科，在盧比揚卡監獄受審。之後，一九四五至一九四九年間，他與其他家族成員一起被關押在莫斯科附近的克拉斯諾戈爾斯克集中營三年，他的妻子安娜，原姓：魯伯米爾斯卡公主（Princess Lubomirska），死於集中營，葬在無名的墓中。最後，雅努什·羅吉維返回華沙，從此定居，直到一九六七年去世，都不曾再回過尼巴洛夫。

同時，戰後的餘波蕩漾及共產主義的深切影響，所有的私人財產皆被沒收充公。包括了位於華沙市中心、克拉科夫郊區大道上的波托茨基宮，我妻子的出生地；但是戰後已被大舉重建，改為政府辦公室。今日，它是文化部的產業。

「和許多人一樣，我岳母的家人經歷了當時波蘭正在經歷的黑暗時代。」

約瑟夫‧波托茨基，我未來的岳父，在一九三九年九月與外交部一起離開波蘭。在他定居葡萄牙期間，擔任波蘭大使館第二把交椅及後來代表流亡倫敦的波蘭政府，並同時擔任波蘭紅十字會會長前，他抵達羅馬，與家人會合，再一同前往法國。

由史達林創立的「盧布林委員會」（Committee of Lublin）領導的「波蘭人民共和國」（People's Republic of Poland）成立後，剝奪了倫敦波蘭政府的所有國際承認。只有梵蒂岡和西班牙拒絕承認新的波蘭共產黨政府，並繼續支持「自由波蘭」（free Poles）。約瑟夫‧波托茨基依舊是波蘭全權代表大臣（Polish Plenipotentiary Minister），並從一九四四年起到他一九六八年逝世止，流亡於西班牙。我記得岳父是位非常高大、優雅、擁有許多優點、聰明又瀟灑自在的男性，而岳母則是位聰明、美麗又勇敢的女性，我對她有無限的敬仰。

除了波蘭語，妻子的第二語言是葡萄牙語。她定居馬德里前，曾與父母在埃斯托利爾居住了四年。伊莎貝爾與三個兄弟姊妹：彼得（Peter）、安（Ann）和多蘿西（Dorothy）在西班牙長大，那裡當時正因內戰而物資匱乏。她在那裡受教育，學會了一口純正道地的西班牙語。後來並取得西班牙國籍，一直保留到我們結婚。每年的耶誕節，特別是復活節，家人都會依照波蘭的習俗過節，這也是一項我們與孩子們一直持續至今的傳統。

即便她的整個人生幾乎都居住在波蘭以外的國家，但伊莎貝爾始終認為自己是波蘭人。所以當她旅行時，若遇見自己的同胞，總會讓她非常的快樂。一九八九年後，當民主終於降臨波蘭，我們相當積極的參與該國的社會、藝術與文化生活。而對於西班牙，那個曾展開雙手溫暖歡迎她家人的國度、那個她快樂自在地與其兄弟姊妹在馬德里長大的地方，她依舊充滿深深眷戀。她的兩名手足及我們的女兒——伊麗莎白（Elisabeth），都與西班牙人結為連理，目前仍定居在那裡。

某天，十七歲的伊莎貝爾出席朋友路易（Louis）和胡絲琳‧德‧修樂（Roselyne de Chollet）在協和廣場的汽車俱樂部（Automobile Club）所舉辦的派對上，遇見了一個名叫修伯特‧多納諾的法國年輕人，他也在於波蘭出生。那是一九五五年，我清楚記得我剛剛獲得巴黎大獎賽（Grand Prix de Paris）的飛靶射擊（Pigeon Shooting）。她則是從英國牛津過來度週末，並且就坐在我旁邊。

「我住在西班牙，但我是波蘭人。」她對我這麼說。

讓她大為吃驚的是，我用波蘭語回答她！從那天起，每年我都會在耶誕節寄卡片給她。「那個法國人一直沒有忘記妳，他又給妳寄來節日問候嘍！」她的姊妹們總是這樣取笑她。

時光流逝，我在倫敦再次見到伊莎貝爾，她在那裡工作，並和一位美國朋友吉兒‧威爾登（Jill Weldon）分租公寓。在那裡，我也遇到了斯坦尼斯拉斯‧羅吉維（Stanislas Radziwill），伊莎貝爾的舅舅。我們變成很好的朋友，而且我和他常常前往英國最美麗的獵場之一——赫爾姆斯利（Helmsley）狩獵。「斯塔斯」（Stas）擁有獨特且迷人的個性，就如同大夥兒稱呼他的，是一個「大領主」。他已是英國公民，參與倫敦「西科爾斯基歷史研究所（Sikorski Historical Institute）的成立，並且在靠近亨利泰晤士河的波蘭梅西男校（Mercy school for Polish boys）裡建造聖安娜教堂（St. Anne's Church），藉此懷念他在俄羅斯集中營過世的母親。我會遇到伊莎貝爾，很奇特地，是透過胡絲琳‧德‧修樂——斯塔斯的第一任妻子。他之後又娶了格蕾絲‧科林（Grace Kolin），再之後是李‧鮑維爾（Lee Bouvier），她是賈桂琳‧甘迺迪的妹妹，人稱李‧羅吉維（Lee Radziwill）。一九六○年十一月，總統競選期間，「斯塔斯」在芝加哥積極支持他的連襟——約翰‧甘迺迪（John Kennedy）；那是一場勢均力敵、棋逢對手的選戰。事實上，他與對手尼克森（Richard Nixon）間，約莫只有十萬票的差距。這就是為什麼約

克里斯蒂娜‧波托茨基（Christine Potocka）和約翰‧甘迺迪總統在蒂娜（Tina）——斯塔斯和李‧羅吉維女兒的洗禮。

斯塔斯・羅吉維——
伊莎貝爾的叔叔，
在拉雷諾迪埃（La
Renaudière）狩獵。

翰・甘迺迪在華盛頓就職當天，送給他一張自己的照片，上面有句話，感謝「斯塔斯」在芝加哥時面對波蘭裔美國人的造勢動員。「你做到了！」

透過斯塔斯和李，多納諾家族和甘迺迪家族成為朋友，其中的一些成員是我們在六〇年代經常看到的。約翰・甘迺迪，在他一九六三年十一月於達拉斯被暗殺前，我們曾有過短暫的一面之緣；他是位極富個人魅力又聰明的名人，對於目標的實現有極強烈的企圖心，就好像他知道自己命運短暫似的。伊莎貝爾的父母在他被暗殺的一週前到訪華盛頓。他們在白宮見到總統夫婦數次，甚至在兩人前往德州的致命之旅前，和約翰、賈桂琳一起在維吉尼亞州度過最後的週末。我岳母的騎術卓越，非常喜歡和賈桂琳一起騎馬。

說到了約翰・甘迺迪，就不能不提他的弟弟——五年後也遭遇暗殺的鮑比（Bobby，Robert Francis "Bobby" Kennedy），另一位同樣出色的名人。他停留於巴黎的最後期間，我們曾一起共進晚餐，餐後，兩人沿著羅浮宮與亞歷山大三世橋間的塞納河畔，以長長的散步做為結束。

決心追求真愛！

在我每一趟橫渡英吉利海峽的行程中，我總會特意探訪在倫敦的伊莎貝爾。一九六二年的耶誕節，她在前往美國的途中，我人在西班牙狩獵。她告訴我，她即將為西班牙駐華盛頓大使館（Spanish Embassy in Washington）的安東尼奧・加里奎斯・迪亞斯・卡尼雅巴德（Antonio Garrigues Díaz-Cañabate，一九〇四－二〇〇四）工作。安東尼奧・加里奎斯・迪亞斯・卡尼雅巴德是位傑出的律師、新任西班牙駐美國大使及她父母的朋友，不久後還成為國王胡安・卡洛斯一世（King Juan Carlos I）的第一任政府司法部長。

Count Hubert d'Ornano (second from left) and his bride with the latter's uncle, Prince Stanislas Radziwill and Princess Radziwill, sister of America's First Lady, at the luncheon following the d'Ornano-Potocka rites in Deauville. Seeberger

D'Ornano-Potocka Marriage in France

「我會在美國工作兩年。」她告訴我。

當時的我即將滿三十七歲,是個快樂又有成就的單身漢。這個意料之外的訊息卻直接命中我的胸口。我必須提前預防伊莎貝爾將搬遷至大西洋的另一端長達兩年之久。兩天後,我向她求婚了!對一個多納諾家族的成員來說,在我的祖先

一九六三年七月六日,我們在多維爾的婚禮;然後隨即展開兩人的蜜月旅行。

瑪麗·維勒夫斯卡和我的母親伊麗莎白之後,與伊莎貝爾·波托茨卡的婚姻,肯定一種命運的巧合!伊莎貝爾在日後曾半開玩笑地問我:「我們遇見對方時,是一見鍾情呢?還是因為我是波蘭人?」

「兩個都有吧!」我笑著回答。但,我們的愛來自其他的地方……

訂婚後幾個月,我們於一九六三年七月六日在多維爾結婚,先是在市政廳進行民事儀式,隨後在聖奧古斯丁教堂(St Augustine's Church)舉行宗教婚禮。由神父亞歷克斯—傑斯拉·瑞夫斯基(Alex-Cjeslas Rzewuski,伊莎貝爾的一位多明尼加〔Dominican〕叔叔)為我們證婚。他是位曾與尚·考克多和馬利坦(Jean Cocteau and Maritain)走得很近的著名藝術家,之後是位法國作家。我哥哥米歇爾,當時上任多維爾市長七個月左右,他由四名副市長的陪同,主持了我與伊莎貝爾的民事儀式。在我們互相許下「是,我願意」之後,他因為大受感動,差點就忘了宣布「透過加諸於我的力量,我現在宣布你們成為夫婦」(若少了這道程序,將會使民事婚禮無效)。之

後，他加入了觀禮的貴賓中。八百名賓客來自法國及世界各地，大多是親戚、朋友和同事。我的一位髮型設計師，甚至在巴黎預約了一列從聖拉扎爾車站出發的火車，只為趕來參加我們的婚禮。記者及某些雜誌將我與伊莎貝爾的婚禮形容為「獨創、歡快且優雅」。

伊莎貝爾穿著尚・巴度（Jean Patou）設計的禮服，看起來雍容華貴、美麗動人、容光煥發，整個人沉浸在幸福裡。教宗若望—保祿六世（Pope Paul VI）捎來了他的祝福。巴黎歌劇院的歌者演唱莫札特的〈加冕彌撒〉（Coronation Mass），悠揚的樂音在拱門響起。當我們離開教堂、「迎向當地人的歡呼」（如報紙所報導）時，吉安（Gien）的狩獵號角演奏起〈授勳〉（Les Honneurs / The Honours）及〈向聖修伯特致敬〉（Le Salut à Saint Hubert / Salute to St Hubert）。

我與伊莎貝爾隨即展開屬於兩人的甜蜜新生活。首先，要感謝那些因為他們的努力與付出，我們才得以存在於世界上的人。伊莎貝爾的父母及我的父親，一如我們向朋友及親戚們所說：「對我們而言，家庭比任何事都重要。若今天我們所懷念的母親，也能和大家共享這美好的時刻，她一定會非常高興。」

從那時起，我與伊莎貝爾攜手建立我的家庭及共同生活的美好點滴；更重要的是，我們合力創造了一個獨一無二的事業——「希思黎」。

希思黎

接手「希思黎」時，我在化妝品界已經有近三十年的經驗，同時，我也開始籌畫幾個做為副業的小型事業。一九六〇年代，我們建立「幽蘭」時，我把自己的空閒時間全獻給了農業。我開發了乳製品：在沙托魯地區銷售未經高溫殺菌的玻璃瓶裝牛奶。每天早上，我們會將訂購的牛奶送到客戶的門口，就和英國一樣。但隨後因超市開始販售盒裝牛奶，以致這個事業只維持了短暫的時間。有段時間，我也曾嘗試過飼養鵪鶉！它有一個有趣的開端。在一場賽馬活動結束後，自義大利返國時，有人贈送了二十隻活鵪鶉，我只好將牠們和賽馬一起送回家。從此，我開始小規模的品種培育。為了提振需求，我提供了部分鵪鶉給沙托魯附近的餐館，而這些餐館將鵪鶉放進他們的菜單裡，沒想到竟深受消費者的喜愛，讓我的培育事業小小有成，餐廳訂購量與日倍增。這項生意延續了好些年！

打從心底熱愛競爭。我曾加入一個足球俱樂部，在法國國家足球賽之前，我和隊員經常一起踢球。單身時，有次在聖莫里茨短暫停留，朋友說服我挑戰有舵雪橇（bobsleigh）。因為我在瑞士度假時，一直非常喜歡順著冰軌滑下的速度快感。當時氣氛非常棒！有一天，有個不認識的英國人來找我，禮貌詢問能否和我一起嘗試這項運動。在約定的時間內，他如期赴約。我猜想，他之前應該是和人打賭，甚至還喝了幾杯酒壯膽。但是，當我抵達終點時，回頭一看，才發現我的英國隊友不見蹤影……跌落在某處！於是，我們沿著路線尋找，但毫無所獲！我曾贏得國際競賽，之後卻因發生意外事故而不得不停止這項運動：我的有舵雪橇在訓練過程中意外撞毀，導致我的隊友手臂骨折，我則是脖子挫傷。

「希思黎」是我們從無到有親手創立的一個企業，完完全全屬於我們。我具體實現了過去幾十年間所學、父親所教導及積累超過兩代的

「『希思黎』是我們所開創的一個企業，它完全地屬於我們。我實現了過去幾十年中我所學到的、我父親所教我的東西以及積累了超過兩代的家族經驗當中最好的部分。」

與伊莎貝爾在位於喬治五世大街的「希思黎」辦公室。

家族經驗中最好的部分。同時，也希望自己能建立一家受到全球認可的法國公司。經營企業，我秉持著責任和企圖心，當然也是為了獲得充足的財富，讓我們能擁有想要的生活。貴族不只是一項遺產或所有權，同樣也帶來了維護與傳承的責任，透過今日所做的、所創造的，讓孩子們得以延續傳承。就個人而言，我從來不受獲利好壞干擾，尋求建設、生產，當然也參與國家經濟的實業家。

我與吉賽兒・畢度（我長期的財務助理，再度回來與我合作）一起規畫，建立了一個為期四年的企業發展計畫。她在公司首創的第一年，提供了相當寶貴的建議與協助。如我們所預期，前四年都在投資，但預估在第五年能夠打平虧損。而十九年來，我們不曾分紅，而是將賺來的每一分利潤都再投資回公司。確實，我們是在一九七〇年代石油危機中期開始創業，有點像我父親在一九三〇年代成立了「蘭蔻」時的外在環境。八個人——大多是來自「幽蘭」的前同事，希望和

我一起打拚。「希思黎」在落腳於香榭大道一〇二號的一間小辦公室前，先搬進了莫札特大道的幾個房間。一樓是土耳其旅遊局（Turkish Tourist Office），偶爾會有炸彈恐嚇威脅！該處所十分狹窄，空間有限，以致我的同事們會開玩笑說，他們都不敢離開自己的座位太久，免得回來時找不到它們了！

接著，我和伊莎貝爾再次出發，拜訪我們的老客戶——巴黎及法國的香水商，向他們銷售我們的新產品。這一次，我們必須更具說服力，解釋並說服，因為當時沒有人在刻意等著我們，他們店裡的貨架上早已擠滿了各式化妝品。況且，當時的經濟大環境對於新產品的推動並不有利。

我們與當地香水商工會主席在波爾多辦了一場研討會。他會前就慎重其事的警告我們：「我會和我的同事們好好談談，但我擔心今晚不會有太多人出席。雖然你們的化妝品看起來質感非常好，不過若只有我一個人也是無濟於事的。」

「希思黎」的第一張視覺形象，賦予這家新公司基本基調，以及品牌新的精神；P.95 上方，「希思黎」最早的企業商標。

實際上，那天晚上沒有人來，從頭到尾就只有我們三個人。但他還是被我們爭取過來，成為我們在法國西南部最大城市的獨家代理商！同樣的情形也發生在其他地方。我們在每個想銷售產品的城市舉辦餐會，並且邀請該地區的香水商們。餐桌則以我們私人的桌巾、餐具及多納諾家族的銀器加以裝飾！

「就準備我們在家會做的晚餐！」

我對伊莎貝爾這麼說。我們在坎城為法國南部的香水商設宴。慕景磨坊酒店（Moulin de Mougins）的晚餐相當美味可口，裝潢也非常特別。南方香水商的主席就坐在伊莎貝爾旁邊。他也完全被爭取過來，並且採用了我們的品牌——就像多數的客戶一樣。

在你的城市與多納諾家族一起用餐：這個方法被證明極為成功，並擴大了我們的客戶圈，即便因為如此，必須一次又一次地打包、運送銀器等等，但我們在各地都收到了同樣鼓舞人心的歡迎。在里昂，伊莎貝爾於知名的「保羅‧博古斯」（Paul Bocuse）舉辦午宴——當然，也帶來所有多納諾的裝飾品！博古斯為桌上的美麗擺設深深著迷，餐前還親自說了幾句話！在里爾，全市最大香水店的業主，成了我們最好的客戶及最好的朋友。我們必須說，這些當時在法國城市裡最重要的香水店，都是有著真材實料的地方機構。遺憾的是，他們如今都已被大型的連鎖香水店所取代。

由於我們產品的品質與效果，讓業績得以成長。從第一天起，那些試用過的人都立刻成為愛用者。而吸引人目光的包裝則需在一段時間後才會表現於設計上。除了廣告宣傳外，產品試用是最強而有力的說服工具。伊莎貝爾和我精力充沛，並且對我們的年輕企業信心滿滿。我們對自家的產品品質相當自豪，同時也喜歡分享我們的熱情與信念。我們用我們的方式做事情——而我們選擇以不同的方式來做。

同樣的事情也發生在我們過去吸收的海外經驗、我們的朋友及我們已經建立起的人際網絡。我非常了解法國和歐洲市場，尤其是義大利市場，它無疑是化妝品的兵家必爭之地，更是我們熱愛的國家。於是義大利就成為我們的第一個海外市場。另一方面，伊莎貝爾成長於國際化環境，面對走向國際，她感覺自在，游刃有餘。她曾在時尚界與尚

SISLEY INTRODUCES PROTECTIVE FACE CARE

COMTESSE HUBERT D'ORNANO
Administrateur chez Sisley
« Cela pourrait s'appeler l'habitude, la tradition, ou la mémoire : ce sac en résille d'or, ma mère et ma grand-mère le portaient déjà. »

"Call it habit, tradition or sentiment : this gold mesh bag was used by my mother and my grandmother."

Two Paris Wor

By Hebe Dorsey

PARIS, Oct. 29 (IHT) — In the deceptively frivolous beauty business, the image is at least as important as the bottle content. The success of such firms as Helena Rubinstein, Elizabeth Arden and now Estee Lauder was heavily rooted into those women's strong, not to say overpowering, personalities as well as their competence and go.

Two women, both prominent Parisian figures, are joining the club with the hope that their beautiful image will influence women at the beauty counter. One is Helene Rochas, the other is Isabelle d'Ornano.

The late Helena Rubinstein, her jewels, her art collection, her lifestyle, was a legend in her own time. Then, there were all those clever little stories of how she concocted that magic cream on a back burner, a secret passed on by generations of

Hubert and Isabelle d'Ornano

PHOTO BY STEVE FOXALL

The d'Ornanos Hit Dallas

Sisley, which is sold in only 23 doors in the United States, has become the fastest-growing treatment line at Neiman Marcus, according to a spokesman for the store.

To promote the line, Count Hubert and Countess Isabelle d'Ornano — who founded Sisley — have been making store appearances in the United States, including a recent stop at the Neiman Marcus flagship in downtown Dallas.

Sisley, which is sold exclusively in the U.S. at Neiman Marcus and Bergdorf Goodman, was founded in 1974. The company bases its products on botanical ingredients, including extracts from vegetables, plants, fruits, flowers and herbs. Prices range from $18 for a lipstick to $175 for 1 ounce of the company's Sero Botanique, an intensive treatment lotion for the face and body.

During their appearance in Dallas, the d'Ornanos said sales for the skin care line were far exceeding expectations.

"Last month our sales were up 50 percent in France. The forecast was 20 percent," said Hubert d'Ornano, who co-founded Orlane Beauty Products in 1946. His father started Lancome.

"We are also doing especially well in Japan, which is our first country of exportation," he added.

The d'Ornanos plan to launch Eau de Soir, the company's first women's scent, in August. Eau de Campagne, for both sexes, was launched in 1977 and is the company's only other scent.

"We discovered the restorative benefits of natural products through our research laboratories," said Isabelle d'Ornano, artistic director of Sisley. "We spend from 7 percent to 10 percent on research. This is the basis of our business."

Sisley's new eye shadow line has been a breakthrough for the company, she said.

"Until now, we have not offered an eye shadow," she said. "This was because we knew of no way to extract lasting colors directly from plants and vegetables. We've recently discovered a way to preserve such colors, and we now offer treatment eye shadows."

According to the Neiman Marcus spokesman, the Sisley line is among the most expensive offered at the store.

"Sales are doing very well," the spokesman said. "We're running double-digit figures ahead of last year."

Botanical beauty line flowe

Nobility's doing a bloomin' business at Neiman-Marc

By Lynn Berk
SUN Staff Writer

In the beginning plants just looked pretty.

Flourishing in the wilds or scrambling for survival in somebody's stone pot, their only known function was to add a spot of color to an otherwise drab and colorless cave. (Neanderthals did not know a great deal about photosynthesis.)

Then somebody discovered that besides looking pretty, certain plants could cure colds or shrink warts or cool burns so moms everywhere, even ancient ones, forced ailing kids to drink concoctions that looked bad and tasted worse.

On to the 20th century, when somebody else figured out plants would do better if we hold conversations with them (wouldn't we all?). In California they've taken to munching on them.

Sisley beauty products made with the extract of plants as common as sage, orange blossoms, lilies and cucumbers.

In the olden days titles were given along with the money and land courtesy of the king. Titles are still given, but the money and land is omitted and people like Count Hubert and Countess Isabelle d'Ornano, as he himself genially admits, have to work for a living.

Chances are they would work anyway. They are both bright, ambitious people; she is consistently on the world's best-dressed list, he a member of France's oldest aristocracy. Although they live in Paris and have an 18th-century country house they have gone back to the earth for this line of beauty care that uses roses as tonics, lime to relieve congestion, hops and soya to fight wrinkles and woodmallow to soften and moisturize. Sisley

Countess Isabelle does the marketing and public relations for the company and she also does most of the talking, explaining that she and her husband believe the future of beauty care lies in plant extracts.

"We believe a line based on natural products, rather than synthetics, would have an enormous future," she said, and he added that future has been bolstered with the use of highly technical equipment that now makes such extracts both visible and accessible.

"We buy these extracts from all over the world," he said, "From Asia, Germany, the United States and France. Fifteen years from now all cosmetics will be made with plant extracts," and, Countess Isabelle continued, "We believe nature has everything man needs. Before, there was no way to find that out. Now there is scientific proof and there are far

women the world ov cerned about.

"She might have a problem, but mostly s stop aging and to keep good condition. They beautiful skin, they ca glow. Lines and wri expression of life, on have and what you ha there is nothing the them away once they

"But women can g what they can do."

She won't come o demn those prod purportedly make t vanish, but she does s use something early will still get them, but you have them, they'r

He reaches over to few lines that crinkle h dimple her face. "Some he said, "are quite char them out and you lose z personality."

The Countess of cosmeti

BY ANTHEA HALL

WHEN Isabelle d'Ornano first visited the country seat of her husband's family, she was surprised to find that there was a nearby forest called after the famous cosmetic firm: *la forêt de Lancôme*.

Of course it was a silly mistake on her part. The reverse was the case. The d'Ornanos called their first cosmetic firm after the forest; their second was a word play on the name Ornano with two letters changed: Orlane. To complete the hat-trick, their third is called Sisley.

Sisley — doesn't the word have a certain franglais-like thud about it (would General de Gaulle have approved?)? Or does it conjure up Impressionist landscapes, green and peaceful?

"Anyway, it sounds well in all languages," said Isabelle, Comtesse d'Ornano who, being Polish-born, brought up in Portugal and Spain, having worked in England and married in France, should certainly know. She tried it in five languages: "Sisley, Sisley, Sisley, Sisley, Sisley—I don't think I can say it any other way.

Isabelle d'Ornano: Sisley in five languages.

pal plant ingredients sound like a health food restaurant menu: avocado, calendula, grapefruit, ginseng, tomato, wheat germ, soya, sage. "And

what they needed was a very exclusive, expensive line which would export well. You can sell cheap products in your own country but not abroad

also a renowned host parties in their apar the Quai d'Orsay in

But just how does who doesn't like parties, can't stand bed late and hates r ned down, manage t a great hostess?

It is quite simple. invented a new kin less party.

All you do is about 140 people ro three months or so t and call it "oper which means, appare you can stay just a an hour or the who until midnight.

Here is the d'Orna of entertaining in like seeing people— a lot of people— people, which is diff sit them down (1 on an hour or the whol friends).

"You don't have about shy people find it difficult if t only about 40 peopl 150 it's like a stage tacle where they around and not ta body and have thei

She was off to

從一開始,像《國際先驅論壇報》(*International Herald Tribune*)、《女裝日報》(*Women's Wear Daily*)、《城市與鄉村》(*Town & Country*)等等美國媒體,都對我們及我們天然、高品質的配方相當感興趣,這令我們非常感激,並且也使我們的產品有了個性。他們引述我們的話,稱讚伊莎貝爾為「活躍的巴黎女性」,還將文章獻給這位他們稱之為「化妝品伯爵夫人」的女士,以及她的「法國觸角」。

－路易・雪萊一起工作的經驗,對我們的幫助頗大,因為她與當地的各大媒體及記者關係密切。不管是英國、西班牙、美國的百貨公司,或是所有重要的國際品牌,都有一些的私藏的商業機密,不能與我們分享。

一九八一年,我們在德國成立第一家海外分公司,快速地開始運作。的確,掌控形象及經銷頂級品牌的代理方式都非常重要。但與其和某個經銷商合作,其間充滿不確定性,不如建立自己在當地的分公司、選擇最好的店家來拓展「希思黎」,並投下大筆資源來建立品牌知名度。

不過在某些地方,我們仍決定與獨家代理商合作。我們在加拿大認識了創立霍特倫弗魯百貨公司(Holt Renfrew)的家族。總裁歐維克(Shavik)先生,也是該公司的創始成員之一,因採買成衣而來到巴黎。他在蒙田大道巧遇伊莎貝爾,她隨即向他提及,我們剛創立一個新的事業體。

「那現在妳在做什麼?」他問她。

「我們正準備要推出一系列以植物性成分為基底的高質感美容產品。」

他隨即表現出極高的興趣說:「我的店裡想要這些產品!」

沒多久，紐約的「古德曼」也有相同的反應，其總裁艾拉·奈馬克（Ira Neimark）也想要獨家代理權。

我們非常珍惜與《女裝日報》幾十年來極具聲望的主管約翰·佛爾查德（John Fairchild）間長久的友誼。不管外界如何評論，他不僅是法國與義大利時裝界的嚴厲法官，更因其犀利的觀點、獨到的見解，而成為時尚界的傳奇人物。他與妻子吉爾（Jill），一直是我們親密的朋友。《哈潑時尚》（Harper's Bazaar）與《美國時尚》（American Vogue）雜誌美容專頁的編輯雪莉·羅德（Shirley Lord），也曾撰寫支持「希思黎」的文章幫助我們。她嫁給了亞伯·羅森塔爾（Abe Rosenthal），一位創造了《紐約時報雜誌》（New York Times Magazine）的優秀記者，更是位非常受歡迎的名人。雪莉·羅德在美國已出版了幾本關於健康與美容的「聖經」。凱莉·多納文（Carrie Donovan），《紐約時報雜誌》另一名優秀記者，負責「生活藝術、時尚與美容」的專題，也給予許多的協助與寶貴意見。她會定期送雜誌給伊莎貝爾，而伊莎貝爾也會在巴黎時裝週期間與她共進午餐，詢問其想法。

在一九七〇年代，與伊莎貝爾在美國推廣新的化妝品品牌：「希思黎」。

紐約的意見領袖黛安娜·佛里蘭（Diana Vreeland），這位特立獨行、充滿創造力的名人也曾幫助過我們，由她主導的《哈潑時尚》在戰前取得空前成功；當我們與「斯塔斯」和李·羅吉維夫婦在紐約住家見面時，黛安娜出任《美國時尚》的總編輯。她對於掌握美國人所謂的「風格」，有一種特殊的本能。她停留在巴黎的日子，經常和我們在位於奧賽碼頭旁的住家共進午餐；個人覺得她非常喜歡我們的公寓——很適合她！黛安娜·佛里蘭在進入康泰納仕雜誌期刊出版集團（Condé Nast Publications Inc）後，開始與世界一流的攝影師們工

作。亞歷克斯·利伯曼（Alex Liberman）是她在集團內的至交，一位同樣出色的名人，俄羅斯出生，身兼編輯、畫家、攝影師、雕塑家，他更是「康泰納仕」幾十年來的藝術靈魂。他的第二任妻子塔蒂亞娜·杜·帕樂席克斯·利伯曼（Tatiana du Plessix Liberman），本身也是俄國人，具有迷人的個性。不僅是一九二〇年代偉大俄羅斯詩人馬雅可夫斯基（Mayakovski）的繆斯之一，一九四五年後更成了紐約的時尚偶像，並擔任薩克斯第五大道的知名帽子設計師長達二十年。我們經常在巴黎招待亞歷克斯和塔蒂亞娜夫婦。

我們對美國市場非常熟悉，並明白它的重要性，所以伊莎貝爾和我都相當積極地參與開發。我們招募培訓了佛朗賽特·勒吉永（Francette Léguillon），他成為當地最忠實可靠且舉足輕重的經理人。每年兩次，我和伊莎貝爾都會去拜訪「希思黎」的專櫃，位在向我們提出申請並授予專賣權的化妝品店。進入美國和加拿大的北美市場，因過高的成本，驅使我們開發出一種原創的作法，直接從法國出貨到店，如同對法國本地的客戶一般。這種方式運行成功，並避免了庫存與經銷商的問題，是因為在大西洋的兩岸，我們只會選擇最好的店家授權專賣。從第一天起，「希思黎」在北美市場就是有獲利的。還記得有一次，我們在達拉斯的一個化妝品部門提供早餐給所有銷售人員。在伊莎貝爾的從旁協助下，我負責供應咖啡和茶等飲品。在場的工作人員們都很高興，這個難得的機會也讓我和伊莎貝爾對銷售我們產品的人員有更完整的認識，並留下美好記憶。在拜訪店家的出差行程裡，我們經常複製這個做法！伊莎貝爾是一個能夠用四種語言討論「希思黎」的現代女性，可以輕鬆自在地與法國、美國及拉丁美洲的女性討論肌膚問題、談論如何妝扮自己。「希思黎」在多數的語言中都能輕鬆發音以及品牌已擁有的全球知名度，讓許多繁瑣的事情變得相對簡單。媒體對於我妻子的背景充滿好奇，特別是她體現了生活與身為一名法國女性的藝術質感。

「希思黎」成立的第一年是充滿希望的。

一九八一年，我們搬離位在香榭大道的斗室，遷移至喬治五世大街十六號的二樓及六樓——我們的現址；在這裡，隨著時間，我們逐漸擴展盤據整棟大樓。「希思黎」始終秉持著企業家精神、品質與創新三項核心原則，穩步成長。

企業家精神是首要原則。我是一名商人，一個確切知道自己的目標並喜歡創新和發展的人。我們現在是，也希望持續做為一個家族企業，所以並不需要股市的力量來協助成長。正因為這種獨立性，給了我們打造全球品牌的時間，無須尋找一種快速的投資報酬率。但它也需要付出代價：正如我所說，差不多有二十年的時間，我們將所有利潤全都投資回公司。

「我們現在是，也希望持續做為一個家族企業，所以並不需要股市來協助成長。正因為這種獨立性，給了我們打造全球品牌的時間，無須尋找一種快速的投資報酬率。但它也需要付出代價：正如我所說，差不多有二十年的時間，我們將所有利潤全都投資回公司。」

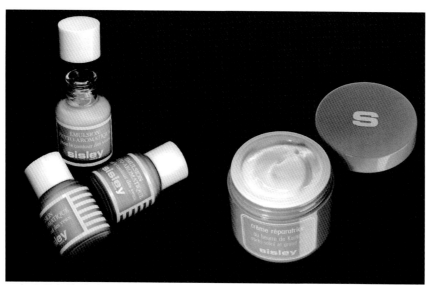

一九八〇年代的希思黎產品。

如果公司是與他人合夥的，主動性和責任感都不能全憑個人意志。我喜歡和團隊一起創造。我信任、完全授權，而且喜歡每個人去證明並發展自己的才能。無論在巴黎或國外，我的辦公室大門始終是敞開的，因為我必須與他人一起工作、與大家保持交流，我喜歡平易近人的做事方式。這應該是天主教教育的遺產，我們相信人的重要性更優先於企業。如果合作者有人工作不快樂，那我們所努力的便毫無意義與價值；當然這是我們竭盡心力也要付諸實現的理想。但隨著「希思黎」的發展，我很高興看到，加入團隊的人都傾向於留下來一起奮鬥，讓公司持續成長繁榮。當我們的孩子加入「希思黎」的團隊工作，我也不會對他們下指導棋。相反地，我會採取引導、建議和鼓勵的方式，在相關領域中訓練他們，並幫助他們憑藉著自己的力量解決問題。

第二是品質。我是個相信直覺的人，除了是創造者、先驅者外，也是開發人員。很多人都很有想法，但，如何讓想法成真卻是全然不同的任務。唯有製造出有效的成品，並且符合消費者的特定需求及公司要求的高標準，這樣技術與研發才有意義。我會直接切入重點，然後設定目標。因為我喜歡創造目前市場上還不存在的優質產品！而家族企業的優勢就在於能夠迅速地做出決策。我們以自己的方式工作，不抄襲任何人，更明令禁止提及任何競爭對手及其他產品的名稱。為什麼要給他們不當的宣傳呢？！

第三，創新。伊莎貝爾和我不斷地試驗、激勵，把我們的化學家研發團隊逼到極限，讓他們能夠開發出更新的、更好的保養產品及彩妝配方。沒有成本或時間的限制，我們的化學家在其工作領域裡被賦予極大的自由，這樣他們才能在最好的條件下配製獨特的產品配方。這部分有兩個重要的工作準則：只有在此項產品臻至完美、符合各方需求時，才會推出，而且配方要保持高標準的穩定品質。

我們現有的各式產品都銷售得非常好，多年下來，我們也創造出一

系列的「令人讚賞的商品」，時至今日依舊是最暢銷的商品。如「全能乳液」（Emulsion Ecologique）、「修護面霜」（Crème Réparatrice）、「抗皺活膚系列」（Sisleÿa）及「暮之露」香水（Eau du Soir）都擁有許多忠實客戶，每年透過口碑行銷，又有新的追隨者加入。一個品牌的聲譽就是這樣日積月累建立起來的。一旦獲得消費者的信任，就一定要用心維護。

「希思黎」風格，節錄自《費加洛》。

Emulsion Ecologique.
Chaque jour, matin et soir, et vous verrez la différence.

Une formule ultra-légère, non grasse, immédiatement absorbée, à utiliser seule ou sous tout autre produit de soin Sisley, quel que soit le type de peau. Ce complexe synergique de nombreux extraits naturels de plantes - dont Centella Asiatica et Ginseng - protège la peau de toute pollution ambiante, améliore l'élasticité, donne de l'éclat. Il revitalise et hydrate* efficacement. Résultat : un teint lumineux, une peau plus lisse, plus souple, une apparence plus tonique.

* Les couches supérieures de l'épiderme.   *Flacon verre 125 ml. Taille voyage en plastique 50 ml.*

PARIS

第六章

未來的燃料：植物

多年來，我們的女兒伊麗莎白將她的臉
借給「希思黎」，代表品牌與產品。

「這麼多年來，我已經意識到，
無論是醫藥或化妝品領域，現代
科技的進步，讓我們能夠使用植
物萃取物中最好的部分。我熱愛
自然；我管理一座森林、我養育
過馬匹，甚至一度養過乳牛。」

正如某位哈佛教授在七〇年代所說，「植物是未來的燃料」。這麼多年來，我已經意識到，無論是醫藥或化妝品領域，現代科技的進步，讓我們能夠運用植物萃取中最好的部分。我熱愛自然；我管理一座森林、養育過馬匹，甚至一度養過乳牛！曾獲頒國家農業功績騎士勳章（Order of Agricultural Merit），始終貼近土地，而伊莎貝爾則分享我的感受。她相信天然藥物，因她母親喜歡以順勢療法照顧她的孩子們。

根據過往在化妝品研究方面的經驗，我深信，植物萃取的科學化使用，相當具有前瞻性與發展性。但與此同時，幾乎沒有人熟悉這個專有名詞。這不僅是出於對環境和生態的關心，雖然這些問題對我而言也很重要，不過我認為植物萃取的優勢在於，只要選擇正確並用先進的配方加以結合，這些新的成分就能產生出極好的效果與耐受性。總之，它們打開了可以滿足保養需求的極大商機。當時，在化妝品產品中專用植物萃取，無疑是一項創舉。

「全能乳液」，其配方在過去的三十年間一直保持不變，是「希思黎」的第一項暢銷商品。

植物的精華……

我在化妝品方面的經驗及對於新技術的研發興趣，促使我定期監測新出現的成分。第二次世界大戰後，電子顯微鏡的發明及萃取技術的進步，使得綠色化學製造的有效成分，能夠被科學化地隔離與研究。我們的第一項成果令人振奮；我看到一個可以被使用於生產有效美容配方領域的巨大發現。大自然提供了我們非常多特別而有趣的成分，隨著科技發達，

它們更容易被辨識，並藉由科學技術提煉萃取出來。

我們也將以不同的方法製作化妝品。一九七六年的植物美容學，雖然提取與保存天然植物萃取物及精油的科學還很新，並不成熟，但沒關係。我為了擴增原有十幾項產品的產品線，特別連繫已退休的「幽蘭」研究開發部前負責人、化妝品世界協會（World Society of Cosmetology）主席及該領域的領導者，埃格蒙特·德斯佩華。我們重建並調整當時所有的系列，並尋找新配方，而「全能乳液」是第一項。很快地，我在巴黎西北部郊區的熱訥維耶（Gennevilliers），投資了一間小型的植物化妝品研究實驗室。同時做為生產線、包裝廠及物流平台。

我們的研究目標是要確定從植物世界來的分子與動物世界的相似，然後能從植物纖維中提取出最好的部分。像乳霜單品「抗皺活膚駐顏霜」（Sisleÿa Global Anti-Âge），內含高達五十種重要的活性成分，配方中的合成防腐劑量，透過植物精油的使用已被盡可能地降到最低。這不是為了遵循某些趨勢，而是希望找出及使用最具功效的成份。植物從亞洲、美國、德國和法國等世界各地而來，在其品質最好的時間點收成，使用最合適的方法萃取以保持活性效果。我們不惜任何代價地尋找異地最佳品質的植物並萃取活性，只為了達成最佳結果並尋求最好的協同作用（synergy）與劑量。

每週三早上，我們都會與公司的科學家團隊固定開會，而這也成了在熱訥維耶的一項儀式。我和伊莎貝爾在前往實驗室的途中，總是會停在戴高樂廣場附近的一家咖啡廳，來杯我們傳統的卡布奇諾！沒有市場計畫，沒有技術規範，對我們而言，那太過理性。我是個使命必達的直覺者，我的目標就是：可以滿足我們未來客戶潛在期望的優質產品。例如滋

潤、保護與促進肌膚再生的面霜，具有柔軟、細緻、不油膩的質地，提供自然、愉悅的使用感受，如此一來，就無需其他多餘的化妝品。

伊莎貝爾和我對品質都要求高標準，卻也相當認同簡單的重要性。她以其所受教育中最有價值的部分，及其家族在艱困時始終保有並傳承下來的特質，再加上她的自然與風度，打動身邊的所有人。身為五個孩子的母親、職業女性、多才多藝的女主人，伊莎貝爾熱愛運動，喜歡滑雪、游泳、騎馬和打高爾夫球。散步及健身操更是她日常生活的一部分，用以保持身材。

做為一個自然簡約、多才多藝的現代女性，她成為「希思黎」的頭號客戶與使用者，試用未來風靡所有女性的長銷商品。伊莎貝爾是體現我們這個品牌的最佳代言人。「我是一個喜歡自然並感覺自然的女性。首先也最重要的，化妝是為了讓自己舒服愉悅，這就是為什麼我不喜歡濃妝豔抹。健康的身體與健康的肌膚非常重要。做為一名年輕的女性，我母親教我，照顧肌膚很重要，但應該盡可能用自然的方法。除了健康的生活方式和均衡的飲食習慣，一定要照顧妳的肌膚，定期滋潤、保濕及防護，所以我非常重視所使用的商品品質。現在這個年代，沒理由不擁有美麗的肌膚。因它是一種精神狀態，有助於提高我們的美麗、我們的精神及我們最深切的內涵。我先生總喜歡說：『沒有醜女人，只有那些不知道怎麼讓自己美麗的女人。』」

「希思黎」基於自然、簡約、品質及平衡這些信條。雖然，我們在產品發表及宣傳上可能因此受限，其中產品本身的內在品質、消費者發自內心購買與使用產品的這份信任，這兩者的重要性卻是無可替代。讓女性欣賞它並願意再次購買的

特質，是來自於「希思黎」產品的品質及使用後的功效，並非包裝或宣傳。但維持品牌高品質的標準，這是要付出相當代價的。

有天，法國總統略帶嘲諷地問伊莎貝爾：「修伯特的新事業搞得如何？」

她回答道：「總統先生，我相信我們做的絕非微不足道的小事。你無法明白，就一位女性而言，好產品究竟有多麼重要。如果執政手段是想方設法讓人們快樂，那麼，化妝品絕對扮演著非常重要的角色，它可以讓女性感覺更好、更快樂，因為她們的丈夫和同伴也會快樂。這對提升國家士氣無疑是件好事！」

總統有點吃驚，但對這樣出於常識的訊息，完全找不到可以辯駁之處！隨後，我們每次見到他，他都會提及「希思黎」品牌的成功！

……創造最好的化妝品

正如我之前提過的，「希思黎」以近十項產品做為開始，而這十項產品都是簡單的品項：包裝簡約，專注於植物和天然材質。然後，我們開始發展跨時代的熱銷商品，時至今日依然暢銷。

第一項是我們在一九八〇年所推出的「全能乳液」。不曾修改配方，也從未重新包裝（除了測量蓋），這款舒適、輕質的保養乳液，是以植物的協同配方，開發用於幫助保護肌膚免於

外界的汙染與侵襲。現今非常流行的形容詞「生態全能」，是一個非常有遠見的點子；這是一項非常成功且持續至今的產品。「全能乳液」一直是「希思黎」十大最暢銷的產品之一！為什麼可以如此成功？不僅女性愛用，同時也獲得愈來愈多的男性讚賞，除了出色的質地與香氣，其品質更可保護並恢復肌膚的平衡。生態產品前衛且超越時代，所以深受消費者的支持與喜愛！

一九八九年，我們推出了另一款暢銷商品：「修護面霜」（或稱「乳木果油修復修護霜」）（Crème Réparatrice au Beurre de Karité / Crème Réparatrice with Shea Butter）。正如名稱所示，它鎮靜、舒緩，能減輕並修復傷口及裂紋，以及肌膚因寒冷、風吹日晒所受的損傷。同年，還推出「希思黎美胸霜」（Phytobust），是專為胸部肌膚而設計的超輕質密集緊膚護理，含有豐富的植物萃取物及藻類、馬尾草、墨角藻、常春藤、紅葡萄，幫助肌膚恢復彈性與光澤。

一九九〇年，「希思黎」推出「防曬調理日霜」，提供有效預防紫外線（太陽光線雖然對健康很重要，卻是肌膚最大的敵人之一）的保護時，再次挖到了寶。這是第一款將防曬與護理日霜的優點加以結合的防曬霜；是一款真正能抗老的防曬品，也因此要比競爭對手的產品貴上四倍。我們甚至還以「世界上最昂貴的防曬霜」的簡單口號，公開地推出該款產品。客戶也因此事先就知道，相較於防曬品，這樣的價格非比尋常，但就日霜而言則非如此。我們當初的概念很簡單，「為什麼女性常年使用昂貴且精緻的化妝品，卻能勉強接受一種陽春的基本防曬霜？」

「希思黎防曬調理日霜」的原始配方，有助於強化肌膚天然防禦紫外線的性能，且其本身就是一款護膚霜，因此造就其不可撼動的空前成功。

「防曬調理日霜」（The Super Crème Solaire Visage），「世界上最昂貴的防曬霜」，揭開了一種古銅色肌膚護理霜的面紗：一個聞所未聞的的概念，即使太陽象徵著對肌膚帶來的危險。

Avant tout
une façon d'être.

Une sélection d'essences
inédites et précieuses confè-
re à cette eau de toilette un
parfum original, vert et tena-
ce, tant pour les hommes que
pour les femmes. Existe éga-
lement en huile pour le bain,
gel bain-douche, déodorant,
savon, lotion après-rasage.

eau de
campagne

sisley
PARIS

L'Eau de Campagne「綠野仙蹤」，我們的第一款淡香水，傳達了我們做事的方法
及對大自然的依戀，也代表了「希思黎」的哲學。

自一九七六年起，我們迅速成長，並且推出了一系列使用植物保養配方的彩妝、具有保養效果的護理彩妝。這款彩妝中所採用的配方，都帶有能保養臉部最敏感部位的植物萃取功效。我們把它稱為「植物精華彩妝」（Phyto Maquillage Traitant / Botanical Make-up）。

沒有任何化妝品品牌會錯過香水系列。一九七六年，我們推出「綠野仙蹤」香水（Eau de Campagne），一個具體傳達了我們戀慕大自然態度的名字。這一款十分現代的香水，由當時年輕的「鼻子」（調香師）尚—克勞德·艾列納（Jean-Claude Ellena）所創造。它隨即成了各大傳媒的主標題，跌破眾人眼鏡。媒體及「鑑賞家們」都喜歡它。「綠野仙蹤」玩弄了對比的煉金術，它的基底香味是綠番茄葉的組合，它的主調有水果和花卉的精華，包括茉莉、天竺葵、岩蘭草等等，這些讓它帶有一種特別原創、清新、振奮與優雅的芬芳，使人想起剛剛割下的綠草清香。該包裝的靈感來自一張羅吉維的藏書票，而在廣告中出現的那幢鄉間居所，則凸顯出其與眾不同的獨特之處。整個「綠野仙蹤香水系列」有沐浴精油、沐浴露、體香劑、香氛皂及居家香氛，全部採用相同包裝。「綠野仙蹤」香水是「希思黎」品牌精神的反映，具有個性的高品質淡香水，清新、原創、永恆，同時受男性與女性的喜愛。它的整體包裝是依據我們的形象加以設計；這就是「希思黎」，並且已成為經典。

「希思黎」完全遵循自己的道路。九〇年代中期，拒絕跟隨了化妝品界掀起的去角質果酸的趨勢，因為我們認為它對肌膚過於嚴酷，傷害太大。但當時，那些產品正在市場上引發銷售狂潮，造成了我們的業績下滑。十年後，果酸已從大多數的配方中消失。不追隨潮流，堅持自己的理念，我們推出一款保濕面膜，「全效瞬間保濕露」（Hydra Flash），富含有助

於提高細胞凝聚力及鎖住肌膚水分的新成分。從芝麻與稻米萃取物提供了植物神經醯胺（phytoceramides），尤其是絲胺酸（一種天然 β - 羥基酸），能讓肌膚呈現柔軟、光滑，「全效瞬間保濕露」至今在全球仍然有相當多的愛用者。

一九八九年，「綠野仙蹤」香水推出後十三年，為了紀念伊莎貝爾在西班牙安達盧西亞（Andalusian）花園的童年，我們打造了「暮之露」香水（Eau du Soir）。演繹傍晚，太陽西沉時分，山梅花（類似橙花）散發出迷人的芬芳。它成為「希思黎」的第二款香水前，伊莎貝爾前前後後花了兩年的時間。它細緻豐富的香味是以花香為基底，結合了山梅花、玫瑰、茉莉、百合、依蘭。「暮之露」香水，優雅的花香—柑苔調（塞浦路斯調）香水，甫上市，旋即取得全面成功，並多次獲得國際香水大獎。從一九九八年起，瓶蓋以波蘭雕塑家布羅尼斯瓦夫・克里斯多夫（Bronislaw Krzysztof）所設計之宇宙女子的臉部為形象。我們熟知並喜愛這位雕塑家的作品多年，他有次到巴黎拜訪時，我們問他：
「布羅尼克，你願意設計一個可以做為香水瓶蓋的雕塑嗎？」
「為什麼不呢？我會盡力，但前提是……我必須喜歡那款香水！」

布羅尼斯瓦夫・克里斯多夫非常喜歡「暮之露」，並且為我們創作了約有十幾款微雕。我們選擇了其中兩款，一個給「暮之露」，另一個用在我們後來推出的「月之戀」（Soir de Lune）。「暮之露」香水及其美麗的香水瓶已是經典，每年我們還會針對耶誕節，推出全球限量版瓶身。

其他的暢銷產品也相繼問世。一九九九年，經過十年的研發，我們推出「Sisleÿa 抗皺活膚駐顏霜」（Sisleÿa Global Anti-Âge）——連我們的孩子以前都常說，這款產品是我們品牌的

「一瓶乳霜單品，像是『Sisleÿa 抗皺活膚駐顏霜』，含有高達五十種主要的活性成分。合成防腐劑的量也透過精油的使用，盡可能地降到最低。」

原創範本，不到最好，將不斷地改進下去，永不推出。這是一款優秀的抗老精華乳霜，含有豐富的活性成分；我們希望打造一款集所有功能於一身的產品。我們的理想是將其打造成可抵抗各種影響老化因子的單品。「Sisleÿa 抗皺活膚駐顏霜」是一款抗皺、緊膚、保濕並對抗自由基的面霜。一夜之間，「Sisleÿa 抗皺活膚駐顏霜」成了國際性的暢銷商品：不到半年時間已銷售了十萬瓶，在今日更是數以年銷百萬瓶。這種空前的成功促使我們再度打造了「Sisleÿa 抗皺活膚眼霜」（Sisleÿa Eye Contour）、「Sisleÿa 抗皺活膚精華液」（Sisleÿa Elixir）、乾性肌膚適用的「Sisleÿa 抗皺活膚駐顏霜滋潤版」（Sisleÿa Extra-Riche）及「Sisleÿa 抗皺活膚纖手精華」（Sisleÿa Hand Care Cream）。Sisleÿa 這個名字，是我們從熱訥維耶開會回來、跨越阿爾瑪大橋（Alma Bridge）時想到的。「我們相信它會成功，所以就只以『Sisleÿa』命名！」

這是第一次我們將一款產品的名稱直接連結到品牌的名稱。「抗皺活膚系列」很昂貴，一千兩百五十法郎（約莫一百九十歐元）。「消費者會買一次，但若是他們不滿意品質，就絕對不會再有第二次。」伊莎貝爾說。但是，全世界各地的許多使用者，告訴我們的銷售團隊，他們曾嘗試過各種品牌的面霜，但總是會再回過頭來使用「Sisleÿa 抗皺活膚系列」。這是我們的哲學——產品的價格反映了投入配方及成分的價值。

有天，公司的一個研究會議上，正在進行一項新產品流程的最終討論，卻因價格非常昂貴，負責的化學家突然冷冷地說：「這項產品可能會因為它的價格而根本無法上市銷售。我們平白浪費了五年的時間與精力。」我回答說：「你已經成功開發出我想要的產品。所以你不用擔心價格，那是我要關心的！」

EAU DU SOIR
EAU DE PARFUM.

EAU DU SOIR

eau de parfum

Création
Hubert Isabelle d'Ornano
pour Sisley.

sisley
PARIS

「暮之露」香水，一款回憶伊莎貝爾西
班牙童年的香水，配有一個以波蘭雕塑
家布羅尼斯瓦夫‧克里斯多夫所設計之
宇宙女子的臉部為特色的瓶蓋。

業主──伊莎貝爾和我，與公司內的研發團隊直接對話，在化妝品界是相當罕見的。但這始終是「希思黎」的品牌堅持，直到我們找到想要的、品質最好的，才會推出這款產品給消費者。因為我們是家族企業，所以能全權決定產品是否已準備好要上市，以及品質是否與其價格相襯。

這種對品質的高標準要求需要搭配優質的服務相輔相成，才能將合適的產品銷售給每一位使用者。我們十分重視銷售人員的招募與培訓，因為『希思黎』的產品必須透過真正了解客戶及其需要的專業人士，以簡單清楚的方式細細呈現。從一開始，我們便把他們聚集到最好的飯店裡舉行研討會並過夜。他們銷售我們的頂級產品，當然值被當成得公主般地對待！

一種對風格的渴望……

我喜歡基普林（Kipling）說的，應該在影響力中加入一點個性元素，才能吸引消費者的目光。「希思黎」有一定的風格，一種從開始便賦予它的獨特個性。伊莎貝爾對這種風格一點也不陌生。她是「希思黎」的首任大使，與員工、客戶及消費者間保持緊密的聯繫，而她也成功地呈現，傳達並發展這風格。她和她的團隊監督著整個企業體千絲萬縷的細節，而這些細節結合起來，賦予每個產品的個性視覺、包裝及廣告行銷等等。我與她一起設計我們的品牌商標，簡單明瞭易辨識，還有幾年後，設計出白色與銀色（或金色）的產品包裝基調。

伊莎貝爾是「希思黎」的藝術總監，我則是負責品牌的視覺呈現。這些年來，伊莎貝爾固定參與每週三的實驗室會議，

並親身測試使用每項產品，在「希思黎」她扮演著一個重要且關鍵的角色。在開發新產品上，她積極地參與我與科學家的討論。

伊莎貝爾是「希思黎」風格的守護者，她將一手打造的風格，體現在每一個我們曾經的家園，生命是一個整體，不論是生活或事業，都是我們不可分割的一部分。再者，她經常在巴黎與鄉村住所招待客人。我們喜歡帶點非正式、不拘泥的宴客接待調性，讓客人們可以輕鬆自在地打成一片、彼此認識，並且熱烈地交流。我的妻子喜歡說，與來自不同背景、不同世代的老朋友及新夥伴的融洽相處，才造就了成功的晚宴。這樣的作法，在對社交生活要求正式與嚴謹的法國，相當不同。

我們位於鄉村的莊園出現在「綠野仙蹤」香水廣告裡，完整地呈現出我們對植物及大自然的愛。而「暮之露」的廣告，則是在我們位於奧賽碼頭的公寓裡拍攝。這間公寓是在一九七四年購入，以我們自己的品味加入亨利・賽謬爾（Henri Samuel）的設計下進行裝潢。賽謬爾是當代的偉大室內設計師，賈桂琳・甘迺迪曾邀請他來重新裝修白宮的房間。我們經常在家裡接待親友、客人、客戶與記者，時至今日依然如此。這棟建築是一九二〇年以路易十四的風格興建，在巴黎國際展覽會期間，我們這棟位在奧賽碼頭的房產是極被推崇的聚會場所。

我們親自參與選擇布料、家具、地毯、書籍及橫跨世代的藝術作品，用不同風格與時期的混搭，建立起一個能完整代表我們的家。它在過去的二十年當中持續地變化，現在無疑地擁有了更多的當代藝術吧！

伊莎貝爾總愛說：「美麗，就會有整體性。」

藝術是生活中非常重要的部分；我們喜歡被美的事物包圍，但並不是非得收集擁有。我們親自挑選家裡的每一個物件，無論是從拍賣場、藝術家工作室或畫廊，前提是這個物件對我們「說話」、與家裡空間的精神相契合，並給予我們靈感啟發。不管是辦公室、工廠或配送中心，持續買進並擺設我們欣賞且真正有才華的當代藝術、攝影及雕塑作品。菲利普對攝影尤其偏愛，除了個人收藏外，也為公司總部收集不少優秀作品。

因此，一種的獨特的、典型巴洛克的風格，活躍於我們的波蘭住家之中，呈現出溫暖的個人風格，是我們的，同時也是「希思黎」的。

「藝術是我們生活中一個非常重要的部分；我們喜歡被美的事物包圍。伊莎貝爾總愛說：『有美麗，才有圓滿。』」

我和我的拉布拉多犬「奧菲麗」（Ophélie）——這是德斯坦贈
予的一件禮物——一起在我們的高爾夫球場。

我們成長中的孩子：右頁上方：伊麗莎白、馬克（Marc）、埃米利奧（Emilio）與偉大的西班牙高爾夫球名將塞維·巴列斯特羅斯（Seve Ballesteros）一起打高爾夫。

第七章

拉雷諾迪埃

拉雷諾迪埃，是我和伊莎貝爾都喜歡居住、
並用來招待親人與朋友的地方。

「我常說，我工作謀生，除了用來養家、
也為了過我想要的生活，在鄉間擁有一個
能與家人及朋友相聚的地方。」

我經常說，我工作謀生，除了用來養家、也為了過我想要的生活，在鄉間擁有一個能與家人及朋友相聚的地方，能射擊、狩獵，並照顧馴育可騎乘、可讓我講悄悄話的馬匹……被大自然環繞，感受自由。

命運對我相當厚愛，我如今已有能力完成這個夢想：拉雷諾迪埃，臨近羅亞爾河谷，位於法國的中央，是貝里的老縣城。它的草地、森林、河流與湖泊激發了喬治‧桑著名小說《魔沼》（*La Mare au Diable*）的創作。儘管這個地區的法國遠離大城市與現代世界，但對我來說卻是世界上最美麗的地方之一，寧靜、超然、愉悅。拉雷諾迪埃連綿的景致，總是讓我想起波蘭的小波蘭區，那是我出生、成長的地方。拉雷諾迪埃及貝里對我和伊莎貝爾而言，是源源不絕的永恆靈感泉源。想要理解「希思黎」，就必須先了解與愛上拉雷諾迪埃。我們的家園及產品真實反映我們是誰；而我們的靈魂，則裝載了生活的印記。

從拉彭提到拉雷諾迪埃

多納諾家族來到羅亞爾河谷南部的貝里地區是最近的事。我父親在圖爾出生，最初承租了位於塞豐河畔穆蘭村莊郊外的房子——賈瑟莊園。三〇年代末期，他購入拉彭提莊園，一座遠離大馬路、靠近沙托魯鎮的房產。包括一座十九世紀的莊園及二十世紀時由巴黎建築師阿爾弗雷德‧托力葉（Alfred Trolliet）負責擴建的部份。加上兩側的廂房、方塔與平板瓦片屋頂，是座非常帥氣的房子。但經過一些時日的更迭，變得與沙托魯鎮有些太靠近了。

我經常在塞豐河畔穆蘭不遠處的布熱萊沙托（Bouges-le-Château）的美麗森林射擊打獵，那裡是由亨利‧維吉（Henry Viguier）和他的妻子蕾妮（Renée）所擁有的森林。該地在中世紀中期屬於某莊園的一

西元一九六三年，
亨利和蕾妮·維吉
（Renée Viguier）
與一些朋友、我的
父親和我在布許城
堡前。

部分，現在則矗立著一座非常美麗的十八世紀城堡。它最初屬於拉·圖爾·督弗涅（La Tour d'Auvergne）家族，之後是梅迪奇家族。一五一八年，馬德琳·德·拉·圖爾·督弗涅（一四九八－一五一九）嫁給安布羅斯·洛朗二世·德·梅迪奇，烏爾比諾公爵（一四九二－一五一九，馬基維利〔Machiavelli〕曾將其著名論文《君王論》〔*The Prince*〕獻給他）。他們有一個女兒凱瑟琳·德·梅迪奇，是法國未來的皇后。一七六五年，查爾斯·弗朗索瓦·勒布朗·德·莫爾勒維（Charles François Leblanc de Marnaval），一個沙托魯的鐵匠暨皇家許可亞麻製造工事的總監，在封建城堡的遺跡上，築起了今日矗立在此的美麗宮殿；一個絕美的優雅奇蹟，以其綿延的林木車道及原創的英國造景花園，在寧靜的貝里鄉村中崛起。

憑藉著希臘風格（Greek-inspired）建築及由勒諾特（Le Notre）設計的法式園林，布許城堡（Château de Bouges）是個展現平衡與和諧的奇蹟，讓人聯想起凡爾賽，由加布里埃爾（Gabriel）於同一時期

為龐巴杜夫人（Marquise de Pompadour）所建的小特里亞農宮（Petit Trianon），之後由路易十六（Louis XVI）送給皇后瑪麗・安托瓦內特（Marie Antoinette）。一八一八年，擁有瓦朗塞城堡（Château de Valençay）及廣闊莊園的塔列朗[1]，為他的姪女多蘿西・德・庫爾朗（Dorothée de Courlande）——迪諾公爵夫人（Duchess of Dino，一七九三–一八六二）收購了布許城堡。多蘿西或許是他最後摯愛，而她在他生命的最後二十年，忠誠地守候身邊。我的妻子是她的曾孫女，她還記得祖母曾對她說起，那些她拜訪鄰近的赫胥柯特堡、坐在迪諾公爵夫人膝上遊戲的故事。

一個熱情、迷人、無比聰慧並具有令人屏息美麗的女子。相對於她的母親，安妮—多蘿西・德・庫爾朗公爵夫人，迪諾公爵夫人並不好相處。她的家族及個人座右銘是「Rien que Dieu」，一個無法翻譯的道德信仰，最接近原意是「我只回應上帝」。無論她做或沒做什麼，她和她的姊妹威廉敏娜（Wilhelmine）、寶琳（Pauline），都在一八一五年重劃歐洲的維也納會議上扮演了重要角色，他們三人，連同她們的母親安妮—多蘿西，一起被稱為「庫爾朗女士」。

多蘿西・德・庫爾朗曾多次入住布許城堡，但從未真正地安頓下來。她更喜歡赫胥科特堡，在當時是塔列朗的住處，他也在城堡裡招待她所介紹的「所有知名人士」。他在賓客留言簿中寫道：「『赫胥柯特』是個充滿生命命題的迷人所在，總是僅有『對』的人才能正確回

伊莎貝爾是多蘿西・德・庫爾朗——迪諾公爵夫人的曾孫女；她是塔列朗的姪女與最後的愛，擁有不凡的美麗與個性。（皮埃爾・保羅・普呂東〔Pierre-Paul Prud'hon〕繪）

譯註1 夏爾・莫里斯・德・塔列朗 - 佩里戈爾（Charles Maurice de Talleyrand-Périgord）（一七三四—一八三八）是一位政治家，也是一位出色的外交官，他的職業生涯遍布於路易十六統治時期，一直到路易 - 菲利普一世，經過法國大革命、拿破崙帝國、「波旁王朝」復辟與衰落……塔列朗在一八一五年「維也納會議」（Congress of Vienna）期間，在維護戰敗法國的團結上，扮演著關鍵性的角色。

應。」

可是，迪諾公爵夫人卻是在遠離法國與貝里的地方逝世——西里西亞（Silesia）的莎岡（Sagan）莊園（現在的薩根〔Zagan〕，位於波蘭西部）。弗朗索瓦絲・莎岡（Françoise Sagan）可能就是在讀了一本關於她生平的書籍時，得到筆名的靈感。

一九一七年起，亨利・維吉（Henri Viguier）成了布許城堡的現任擁有者。亨利・維吉一八七七年出生，是知名的巴黎百貨公司「市政廳巴札」的老闆，他一手創立並使這家百貨公司走向現代化。一九〇六年，他娶了來自羅莫朗坦朗（Romorantin）、擁有諾赫曼兄弟製造公司（Manufacture Normant Frères，軍裝用藍布的知名供應商）的蕾妮・諾赫曼（Renée Normant）。維吉家族購入布許城堡時，將城堡內的家具擺設全部淨空。蕾妮・維吉以其備受推崇的品味，並在著名的杜塞夫人（Madame Doucet，當時一位非常知名的裝潢師）協助下，重建裝潢。她打造了一座極美的有牆的蔬果花園，同時在其三千公頃的莊園中設計一座美麗的獵場。維吉家族不在巴黎時，便是在賦予城堡新的生命，而且毫無疑問地，他們造就了城堡歷史上最精采的篇章。亨利・維吉一九一九年當選布熱萊沙托市長，並在有生之年持續連任，他是位熱情忠實的騎士。經由地方政治的互動，父親和亨利・維吉成了關係親密的好朋友。

我永遠不會忘記向亨利・維吉租借布許城堡獵場的那些日子。

維吉家沒有孩子，從我九歲時第一次和父親一起參觀布許城堡，然後不小心掉進糞池的那天起，他們在某種程度便已將我視為自己的兒子。當時馬廄主人說：「幹得好！小伙子，這可是好運的徵兆！」維吉夫人親自幫我清洗，從那天起，我就成了該家族的一分子，最後甚至在城堡內擁有自己的房間。那個房間由於壁紙的設計，被稱作鸚鵡房。也從那時起，維吉先生及夫人就成了我的亨利叔叔與蕾妮阿姨。

許多年後，一九五五年，維吉先生要我到「市政廳巴札百貨公司」找
他。我們聊起狩獵場，他說因為自己年紀大了，他想關閉它。
「亨利叔叔，您為什麼不把獵場租給我呢？」

一九五〇年代在布許的獵場。（上排中間）與亨利‧維吉；（下排中間）蕾妮‧維吉。

「有何不可呢？」

一段時間後，他再度提及此事。

「其實，我不會把它租給你。我想把它送給你。但條件是你必須好好
　　　地維護它，並且繼續邀請我的朋友來狩獵。」

我有些不知所措，被他的態度和其中的深意給震懾
住。眾所周知，布許獵場是全法國最美麗的地方之
一。我熟知森林裡的每一寸地方，因為我經常和伊莎
貝爾在那裡打獵、徜徉於馬背上。我對它當中的大小
型獵物，如鹿、狍子、野豬、野雞、鴨子等如數家
珍，而其間的樹木與植物對我來說根本沒有祕密。而
現在我將管理它，對它扛起全部的責任！

近十五年的時間，我都在布許組織野雉狩獵活動。
我們邀請過無數的嘉賓，其中也包括一些來自世界
各地最好的神射手。拉雷諾迪埃是一個十八世紀的
狩獵小屋，位於莊園森林的邊緣，由維吉夫人重建
整修。早年狩獵時的午、晚餐都設在布許城堡。維
吉夫人於一九六六年五月去世，維吉先生則是在隔
年八月離開人世，我沒有接受總理喬治·龐畢度
（Georges Pompidou）的建議，接手繼承布許城堡，
因為我覺得它不屬於我的家族。亨利·維吉將城堡
和幾個農場留給了現在的法國國家古蹟中心（Centre
des Monuments Nationaux）。維修保養及探訪組織皆
由經營產業的收入支付費用。在拉雷諾迪埃和拉彭提
之間、二十五公里外的地方，我們持續進行維吉家族
狩獵與射擊的傳統，直到一九七三年出售了拉彭提，
並且將拉雷諾迪埃變成鄉村的家園為止。

我們取得拉雷諾迪埃，並非只是單純地想擁有這個地方，而是為了能更完整地保護它、美化它。我們在森林裡加入了四座農場與各式建築，其中包括一座被稱作「拉雷諾迪埃」的農舍，它位於狩獵小屋的後方。兩棟建築相連在一起，隔出一個庭院。拉雷諾迪埃是一座溫暖、舒適的農舍，由伊莎貝爾的一位厲害的丹麥景觀設計師暨親密好友莫根斯・崔德（Mogens Twede，他是伊莎貝爾的姑婆，多莉・羅吉維公主〔Princess Dolly Radziwill〕的丈夫）的協助下，精心設計。

我們每年都會來此休憩，讓疲憊的身心靈得以放鬆恢復。記憶中，我在拉雷諾迪埃度過每年八月，從無例外。我不像哥哥米歇爾，我並不是太熱衷於上山下海的活動，但同時，我也不是一個城市人。我的波蘭血統讓我在心底深處是屬於鄉間的，喜歡和我的狗、我的馬匹一起被大自然緊緊圍繞，然後跟著庭園裡的所有工作者，一起忙碌，忙著打理一座大莊園所需要費心的各種日常瑣事。

孩子們在這裡度過他們的童年假期。假日時，男孩們必須到農場幫忙，收集乾草與協助作物收成，獲取每小時五法郎的報酬。他們與鄰村的孩子一起玩耍。在那些日子裡，他們舉辦村里足球錦標賽，為此會有各種年齡的隊伍前來共襄盛舉。可嘆的是，那些時光已隨著年輕人動身前往城市而消逝無蹤。

我非常喜歡動物，牠們也始終陪伴著我們。當然，我們有狗，但我們還有一頭叫蘇西（Suzie）的野豬。牠的母親遭到誤殺，而我們救了當時仍是孩子的蘇西。三年後，蘇西已經變成一頭聰明且調皮、重達一百公斤的年輕小姐。她習慣用鼻子打開寵物箱的門，悄然無息地靠近，打翻已經擺好的下午茶桌子。牠總是有方法在被逮之前，吃掉三明治和水果！最後我們不得不無奈的將牠放回野外，回歸原本屬於牠的世界。

另一個有趣的收養是「奇奇」（Kiki），一隻我發現從巢裡掉落、而後

安妮・波托茨卡
（Anne Potocka）
──伊莎貝爾的
姊姊，非常喜歡
拉雷諾迪埃。

帶回巴黎餵養的麻雀寶寶。牠習慣睡在浴缸裡，所以非常不喜歡我去洗澡！也因為沒辦法在公寓長長的走廊裡飛翔，所以「奇奇」習慣用腳跳躍。孩子們非常喜歡牠。但最後一樣不得不放牠走，因為牠的排泄物弄髒了窗簾、燈罩，讓伊莎貝爾十分困擾。我們把牠放生在牠摔落的那棵橡樹下。奇奇在永遠飛離之前，返回來過三次。

我們喜歡在拉雷諾迪埃招待朋友和家人。伊莎貝爾的姊姊安妮經常造訪騎馬。與我們共渡許多時光，但不幸的是，她很早就過世了。我們將圍繞狩獵小屋的兩座農場進行改建，變成聖母花園（Garden of the Madonna）、果園、菜園及馬廄。房子四周圍繞著美麗的樹木，而且還種植了不少新品種。現在它們都已長成大樹。伊莎貝爾在花園裡放置雕塑。我則擬定計畫，逐步蓋了一座四洞的高爾夫球場，有十八個發球區和一個做為水障礙的湖泊，我和伊莎貝爾經常在那裡揮桿練習，這個障礙湖時常讓我們的客人心生畏怯。

圍繞著拉雷諾迪埃湖泊四周的高爾夫球場。

我們還興建了一座以玫瑰做為圍籬的網球場，以及一個陪大夥兒度過夏日時光並有過難忘聚會的游泳池。今年最近的一次，是我們結婚五十週年的紀念日，孩子們還安排了來自烏克蘭的管弦樂團。那時，我們還在花園裡最大的橡樹底下舉行了整個家族、孩子的朋友及許多當地人都來參加的彌撒。

在這關於布許和拉雷諾迪埃的幾頁記憶中，我一定不會忘記的是在巴黎與貝里的家園之間，為我們工作、並在日常生活中陪伴我們的人。他們看著我們的孩子長大、我們的朋友來來去去、我們的一些親人過世，卻始終為所有人提供溫暖友好的服務。拉雷諾迪埃的中心與靈魂，無疑就是最近過世的杰哈爾．古瑟（Gérard Gausset）。他為我們工作了近四十年，他的廚藝與花藝是個傳奇。大家總是小心謹慎地穿梭在我們招待的賓客之間提供貼心的服務，不管賓客是名人、政治家、大使、藝術家、學者或新聞工作者。因為他們，讓我們很多關於射擊狩獵、酒會及婚禮的活動能夠圓滿地安排進行。

耶誕節及復活節這兩大節日，紀錄著這些獨一無二的時刻。裝設傳統的大型耶誕樹、布置耶穌誕生的場景、裝飾壁爐等等，會花上兩天的時間。每一年，我們都非常高興見到房子的應景裝飾。然後是復活節，這個總是令人興奮難耐的時節，是製作傳統波蘭蛋糕的大好機會，像是波蘭乳酪蛋糕或 Mazurki。Mazurki 是一種大大的長方形蛋糕，上面裝飾著杏仁糖、橘子、李子及巧克力，再寫上「哈利路亞」，中間會放上一小枝受祝福的黃楊木。不單單是廚房，整間屋子都會沉浸在節慶與熱鬧的氛圍。

正如前面所說，我們有很多客人前來狩獵。我想簡單介紹其中的三、四位，同時也希望得到未被我提及的其他人的諒解。喬治・龐畢度，我非常榮幸能在他擔任法國總理與法國總統期間擁有他的友誼。無論

Peu de temps avant sa mort, Georges Pompidou avait écrit ces lignes d'une sobriété remarquable : "Il n'y a au fond que deux questions essentielles : La vie actuelle est-elle une fin en soi ou un passage ? Et l'homme doit-il ou non être jugé ?"

解説見 *P.135*(*) 處

伊莎貝爾與喬治・龐畢度——一九六二至一九六九年擔任法國總理，之後從一九六九至一九七四年為法國總統。

內外在，喬治‧龐畢度都是一個圓融的人，擁有卓越的智慧，受到以誠待人與成就事情的願望所驅動，對於物質從不看重。權威和權力不曾阻礙他的純真自然，總是一致的做自己；依照別人希望的方式與對方相處，用心傾聽每一句話語。有天，車子行駛在拉彭提和拉雷諾迪埃之間，他要求我們到達萊夫魯（Levroux）村莊時暫停。

「我們到這個咖啡館歇息片刻，我想與當地人一起抽根菸，然後喝一杯。」

他走了進去，隨即與在場的客人攀談起來……

我們的兩個親密朋友，瑪麗－克萊爾‧保韋爾斯（Marie-Claire Pauwels）及德斯坦——長期擔任「經濟暨財政部長」（Minister of Economy and Finance），以及一九七四至一九八一年的法國總統。

這就是典型的龐畢度總統。我和伊莎貝爾都非常尊敬他。

他對精神層面的事物也相當關心。我們始終記得，他在過世前不久曾寫下，「最終其實只有兩個基本問題：生命本身就是目的地？抑或者只是通往別處的旅程？而人是否會因生命而受到評判？」（＊）

喬治‧龐畢度是在辦公室裡辭世。我們與他的妻子克勞德（Claude）及總統祕書愛德華‧巴拉迪爾（Edouard Balladur，後來成為法國總理）之後仍然保持往來。

一九七四年，喬治‧龐畢度突然猝逝，讓德斯坦繼任成為法國總統。在歷經七年戮力從公的積極總統任期後，卻在一九八一年總統選舉中失利，使得他無法再實現自己的政治潛力與理想。或許是我哥哥的意外死亡，對他造成莫大的影響。我們始終維持著親密的朋友關係。

一九六〇年代，我們的客人當中，有兩位是溫莎公爵與公爵夫人。我們經常造訪他們位在布洛涅森林的家園及巴黎南部伊維特河畔吉夫（Gif-sur-Yvette）的鄉間住宅——杜樂瑞花園（Le Moulin de la Tuilerie）。曾為英國國王愛德華八世（King Edward VIII）不到一年時間的溫莎公爵，有著令人驚嘆的人生。在四分之一個世紀前，一九三六年十二月十一日，這位英國國王選擇退位，因為他說：「沒有我愛的女人的協助與支持，我是無法擔任國王這個職位的。」

在他們的知名度、優雅與風采之外，其實他們還是生活在一九三六年放棄王位的影響下。儘管英國王室持續不承認溫莎公爵夫人殿下的稱號，公爵卻堅持要讓妻子被承認具有與他相對等的地位。因此，兩人共渡一個既無趣又漫長的老年生活，對一位曾是威爾斯親王（Prince of Wales）、並於很短期間內擔任龐大大英帝國國王的人而言，在我們看來有一股難以言喻的惆悵。我直覺認為，他們會喜歡拉雷諾迪埃，因為某種程度上神似於他們再也無法居住的英國鄉村的氣氛。

我們許多的朋友不斷地前來造訪。這個地方提供了新鮮的空氣；貝里有自己獨特的氣候，無論晴雨，不管寒冷或炎熱，都適合射擊、狩獵、騎馬及其他各類運動。

談了這麼多，我怎麼能不提高爾夫球呢！一種難搞卻十分有趣的運動，它為我們帶來非常多的樂趣。我和伊莎貝爾都愛打高爾夫球，而我們倆又碰巧都打得很好，因此帶給了我們更多的樂趣，尤其是到美國出差時，經常受邀到頂尖的高爾夫球場打球，例如位於加州蒙特雷半島上，被太平洋所環繞的絲柏點（Cypress Point）。但最讓我們流連忘返、心心念念的是溫莎高爾夫俱樂部（Windsor Golf Club）與鄰近佛羅里達州維洛海灘的海上村（Village on the sea）。它原是一片葡萄柚林，後由蓋倫（Galen）與希拉蕊·維斯頓（Hilary Weston）改建成球場。這座高爾夫球場十分美麗，擁有一望無際的海灘和完整的村莊景緻，宛若天堂一角。而在加拿大及英國經營百貨公司，並與我

高爾夫球是伊莎貝爾和我共有的熱愛。

們合作無間的維斯頓家族，則已經成為我們珍視的友人。

我經常與伊莎貝爾一起參加球賽，並贏得比賽。但是，我們最為人稱道的名聲仍然是莫特芳丹俱樂部錦標賽（Mortefontaine Club Championship）冠軍。那是在一九七三年，我取得男子組的冠軍，而伊莎貝爾贏得女子組桂冠，而且她當時還懷有九個月身孕！克莉絲汀在那之後五天後就出生了！我們所有的孩子當中，最具有高爾夫球天賦與熱情的，是二兒子馬克。不幸的是，上帝中斷了他可能有的成就。

狩獵，是一種心境

從波蘭的童年開始，大自然、狩獵與射擊就一直是我生命中熱情的來源。我曾有機會在法國及國外享受到優秀卓越的射擊與狩獵，不僅風景秀麗，活動安排更是令人難忘。我在布許曾組織過鷓鴣及野雉狩獵，也曾到過英國、西班牙和奧地利的美麗獵場打獵。在布許的獵場，會有三十至四十名「前鋒」、七名獵場看守人及十多把槍，同時有一名負責為兩把槍交替裝彈的彈藥裝填者。一天結束時，我們會展示獵物、感謝所有參與者，包括「前鋒」、獵場看守人及彈藥裝填者。在法國，狩獵和射擊深深根植於傳統的鄉村生活中，每個人都熱情參與，並且尊重動物保育的需求。

射獵有自己的規則與道德倫理，當然還有服裝的要求，是必須受到尊重的。在七〇年代中期，我們停止了需要大量「前鋒」、員工及獵場看守人的野雉射擊活動。當時，我們將所有心力都聚焦於「希思黎」時，這些休閒活動都顯得過於奢侈。

我真正喜歡狩獵的地方是：事前規畫、追蹤、長距離徒步、擬定策略

及靜心觀察。我可以用幾小時定睛觀看一頭美麗的雄鹿或獐鹿而不射擊。

我喜歡出發前的等待，在黎明前出發，由獵場管理人陪著，在森林裡徒步數個小時，然後悄悄逼近，再默默地觀察動物，最後或許挑選其中一隻出手。狩獵的真義其實是尊重而非破壞；它是對視力的一種挑戰。射擊則更像是一種運動，也與領域及組織概念相關。

我認為對於森林及在其中生活的動物有著個人責任，也想藉由照顧動植物及其中令人驚異的生命鏈來保護它。雄鹿和野豬數量的增加，降低了獐鹿的數量；而透過在森林裡建造湖泊，讓更多的鴨子與少量的野雉雞前來棲息，我們便用牠們來進行繁殖。我關閉了整座三千英畝蝴蝶形的布許森林，防止野生動物破壞周邊農田，不斷地維修道路保持暢通，小心保存夾道中的美麗橡樹。這些都是我從維吉夫婦那獲得的學習。維吉夫人不喜歡看見樹木遭到砍伐。因此大部分的伐木都發生在樹林深處，不會被看到！我們永遠都應該銘記在心這些前人維護自然、與自然和平共處的美好態度的原則。

狩獵，當一個人熱愛大自然與動物時，那是一種心境的呈現。

我很高興兒子菲利普也喜歡射擊與狩獵，而且是個頂尖的射擊手。他對自然的態度和我有些有所不同，他曾在一本可愛的書（他獻給我的《逆向軌跡》〔 *Les Trajectoires Inverses* 〕）中描述過。我非常喜歡書中最後的一句話，「風向變化，夜幕降臨。野豬出來了，牠們無所畏懼的幼崽正在忘情嬉戲。森林不斷變化卻從未變老。」而最重要的是：狩獵是「另一個世界」。

人類最好的朋友

討論狩獵，就不能不提到一直陪伴在我身邊的愛犬。我永遠都不會忘記那群四條腿的好朋友。特別是其中兩隻，牠們的一生實在太短，卻都與我在一起，不管是在城市、到辦公室或前往鄉間，總是陪伴我形影不離：德斯坦送我的拉布拉多犬（他喜愛這種適合撿鳥的品種）奧菲麗，還有女兒伊麗莎白的婆婆帕洛瑪·博坦（Paloma Botin）送我個性獨特的佛拉克（Frac）。牠們和我默契極佳，除了不會說話外，能做所有的事。我很幸運，在牠們仍是小狗時就已經擁有牠們。狗會像他們的主人；牠們會反映出是如何被帶大的。

馬，一種激情

與「佛拉克」一起，
牠曾是我多年的夥伴。

我與父親、哥哥一樣，都是一個愛馬之人，但我更加中意快步馬。戰爭結束，我們因首次創業並開始獲利後，終於有能力購買並繁殖馬匹。父親在曼尼韋爾有一處設備完善的育馬場，那裡畜養了一到兩匹快步馬的育種母馬。雖說純種馬是最高貴的，但快步馬相對更容易繁殖，再者因押注賭馬的關係，小跑輕駕馬車賽當時在法國非常熱烈蓬勃。戰後，法國小跑輕駕馬車賽好手赫內·巴里耶（René Ballière），正好是我的一個好朋友，亟欲提升小跑輕駕馬車賽的形象——主要是在法國、德國、義大利、斯堪地納維亞及美國進行——說服我們創立了「Le Cercle des Amateurs de Trot」，意思是一個業餘二輪馬車賽俱樂部。不久，我、米歇爾及一些朋友們創立的「紳士騎手」，開始在法國、在跨越萊茵河的義大利及瑞士參加業餘比賽。此項賽事擁有大批熱情支持者，並開放民眾觀看賽事，同時在法國也向「PMU 賽馬場經營者協會」登記註冊。我贏了約二十場比賽，所以現在我書房裡有一整排的快步馬獎盃。

一九五二年，赫內·巴里耶提出在溫森（Vincennes）一個有照明設備的賽道上舉辦夜間比賽的構想，這場地後來成了一個非常重要的賽馬場，是巴黎地區二輪馬車賽最大的專用賽道，裡面還附設了幾家餐館，並且能夠容納大量的觀眾。他將混血馬協會（Société du Demi-Sang）改名為法國二輪馬車賽協會（Société d'Encouragement à l'Élevage du Cheval Français），專供快步馬使用。此項決定，當時看來似乎不怎麼重要，卻產生莫大影響，刺激法國快步馬取得品種認證。父親、米歇爾和我都是法國純種馬委員會（Société d'Encouragement à l'Élevage du Cheval Français / French Thoroughbred Commission）及法國二輪馬車賽委員會（Comité du Trot Français / French trotting commission）的活躍會員。

一九六二年，巴里耶在我們的全力支持下，成立了哥赫波瓦（Grosbois）培訓中心，距離巴黎溫森賽馬場（Hippodrome of Paris-Vincennes）僅三十分鐘車程。這是一個擁有各種最現代化的設施、培訓賽道（其中一部分具有針對冬季設計的遮棚），當然，還包括最好的專家、優秀的獸醫及設備的美麗地方。

我們在米歇爾擔任多維爾市市長時期，中止了這些業餘比賽，隨後米歇爾當選國會議員。毫無疑問，在法國，賽馬與政治是兩件無法同時並進的事業！而我也因全心投入「幽蘭」、全力衝刺「希思黎」後，將賽馬拋諸腦後。父親則以純種馬，如「米斯蒂」，傳承了家族的火炬。一九八二年，他停止育種，並將曼尼韋爾哈拉斯育馬場出售。我因而收回當時寄養在那裡的兩匹快步馬育種母馬——怡肯（Ekiane）與妮肯（Nekiane），並另外再購入兩匹母馬，然後開始經營自己在拉雷諾迪埃的育種馬場。

我贏得了一項業餘的二輪馬車賽。

FRA DIAVOLO _ 22.12.96

Y. DREUX

PRIX DE VINCENNES _ 2700^M

GROUPE I

雖然快步馬的培育技術日新月異，但是在法國繁育區諾曼第以外成功培育，開發賽馬馬廄，並贏得大經典賽，這依舊是極不容易的成就。無論有沒有一流的血統，也無論是在家裡育種或

多納諾家族、騎師伊夫·德赫及訓練師阿里·阿瓦斯於一九九六年十二月「佛拉·迪亞佛羅」剛剛贏得「溫森大獎賽」。

二〇一〇年二月，另一匹優異的馬——「專情」，由法布里斯·索羅瓦訓練、馬修·阿伯席瓦騎乘，贏得了法國的大型經典二輪馬車賽——「巴黎大獎賽」。

一歲時才買來，並非所有的幼駒都能成為冠軍！事實上，能做到的很少，結果往往讓人失望，有些馬在訓練或比賽時可能不幸受傷，只有極少數會繼續成為優秀的育種馬。若能讓牠成為經典比賽的常勝贏家，才能顯出牠真正的卓越。這不是彩票，至少我從未如此認為，也從來沒有使用過這樣的字眼——這件事需要不斷的努力、關注，並持之以恆。就如我一向所為，當正式接手繁育快步馬開始，就試著盡可能地做到最好，而且對身邊的人也嚴格要求。

我受益於兩大專業人士，先是阿里·阿瓦斯（Ali Hawas），他是法國最好的訓練師之一；之後是法布里斯·索羅瓦（Fabrice Souloy），新世代崛起的新星之一。在馬場，克勞德·里耶傑瓦（Claude Liégeois）從十幾歲就一直和我們一起工作，給了我非常多的協助；而對照顧馬匹和育種擁有真正專業與熱情的菲利普·庫桐（Philippe Coutant）更是最佳得力幫手。感謝大家，我得到了表現優異的馬匹及一些過程非常精采的勝利做為回報。也許是運氣，但也是我們鍥而不捨的甜美果實……

一九八七年，一匹優秀的快步馬，出生在我位於拉雷諾迪埃的維樂蹦（Villebon）育馬場。憑藉

著優良純正的血統，良好的教養、撫育及訓練，牠前後共贏得了七、八項比賽，其中兩項是半經典賽。次年，六匹馬駒出生，其中四匹繼續在溫森贏得比賽。五年後，佛拉‧迪亞佛羅（Fra Diavolo）來到育馬場，在一九九六年十二月二十三日，這匹美麗的快步馬三歲時，由優秀騎師伊夫‧德赫（Yves Dreux）的完美騎乘，贏得了久負盛名的溫森大獎賽（Prix de Vincennes），這是三項法國著名經典賽之一。不久，佛拉‧迪亞佛羅不幸受傷——極有可能是在溫森大獎賽時受的傷——牠的職業生涯就此結束。我們忍痛將牠出售，有好幾年的時間，牠成了育種馬。一九九七年，我們再次購入一匹優異的馬，伊凡‧都卡涅（Ivan d'Ocagnes），牠為我贏得了無數比賽。但是，兩年後，我決定停止在拉雷諾迪埃育種賽馬的事業——因為當我們全力發展「希思黎」時，這些都變得過於奢侈。

但我對馬匹的熱情從未消退。二〇〇六年，我買進了幾匹比賽用馬，再度重新開始。法國著名的快步馬育種家，尚─皮耶‧杜布瓦（Jean-Pierre Dubois），給了我一公一母兩匹馬選擇，我有些猶豫，但是我的訓練師法布里斯‧索羅瓦說服我買下小母馬——專情（Private Love）。這匹表現出巨大潛質的特殊母馬，持續不間斷地贏得十場比賽，包括大型的經典二輪馬車賽。那天，二〇一〇年二月二十一日星期日，對於四磅重讓步賽，美麗的「專情」並非被看好的贏家。但在訓練師法布里斯‧索羅瓦的指導與馬修‧阿伯席瓦（Mathieu Abrivard）的完美騎乘下，輕鬆奪冠；繼這場了不起的比賽後，「專情」再度贏得巴黎大獎賽。溫森和巴黎兩項大獎及其他幾十項比賽，讓我的騎術冒險旅程畫下完美句點！充分的準備，總讓勝利的果實異常甜美。

第八章

「希思黎」，
一個法國暨國際
的家族企業

菲利普與我，二〇〇三年。

「二十一世紀初，『希思黎』」
行銷全球，共九十餘個國家；
並持續成長，但我們始終忠於
自己的價值觀。」

二十一世紀初,「希思黎」行銷全球,共九十餘個國家;並持續成長,但我們始終忠於自己的價值觀,並堅定地追求自己獨特的核心信念:創意、完美與對產品的熱情——這也是「希思黎」全體員工共享的價值觀。

一個家族企業……

我們是一個獨立運作的家族企業,當然也包括我們那些希望加入「希思黎」的孩子們。

我們的孩子是在伊莎貝爾和我每天試用的香水及美容產品層層包圍中,和「希思黎」一起長大的。那些選擇與我們一起工作的夥伴們,曾經歷過極好、也經歷過極壞的時刻,但始終信任我們所投入這家公司的努力。「希思黎」是我們在家會談論的唯一話題。孩子們幽默地回憶著!孩子們從十五歲起,會到公司打工賺取零用錢,有些孩子會開始把宣傳卡放入信封、貼上郵票,並小心地在上面寫下名字和地址。有些會到總機櫃檯工作,或暑假時在百貨公司擔任工讀生,銷售商品。我很高興看到我的幾個孫子也開始遵循著相同的道路,在這個事業體中擔任實習生。無論他們將來想從事什麼職業,能看到他們年紀輕輕便已將工作的價值觀納入人生規畫,是非常美好的一件事。

我們有五個孩子:菲利普(一九六四)、馬克(一九六六)、伊麗莎白(一九六八)、莉堤夏(一九七〇)和克莉絲汀(一九七三)。現在由克莉絲汀及伊麗莎白協助菲利普經營「希思黎」。五個孩子中,只有莉堤夏沒有意願加入家族事業。我們當初創立「希思黎」時,並未設定要將其傳承給我們的孩子。只有當他們具有能力且有意願接棒時,家族企業的概念才有可能成形。否則,在現今這樣開放的世界經濟環境中,在這個競爭激烈的領域可能會被淘汰。你不會甘冒風

險，將寶貴、穩固的資產交到一個不適任的人手裡、就只因他們是自家人。那些有能力且擁有優秀經營團隊的家族企業經營者持續成就不凡的冒險。有些卻被迫拋售他們的公司。隨著「希思黎」的規模逐年擴增，大量的求職者不斷與我們接觸。這時才意識到，我們的孩子們有志於這項事業，且有能力達成並實現目標，伊莎貝爾和我便決定，「希思黎」會是一個家族企業、一個家族品牌。

這對我們來說，一切都始於一個可怕的悲劇、一個巨大的傷慟。次子馬克很早就加入了我們的事業。他想從中做出一番成績。馬克當時雖然只有二十歲，卻是一個擁有與生俱來商業直覺的天才銷售員，而

馬克・多納諾（一九六六－一九八六）。

且十分敏銳，更是個即知即行的行動派。一九八六年九月二十四日在駕車前往奧爾良的途中，他的車遭一輛貨車撞上。馬克當時年僅二十歲。正如生前所願，他被葬在布熱萊沙托的多納諾墓園，伊莎貝爾的姊姊安妮也安葬在此。為了紀念他，也保留他的遺志，我們在一九九〇年於楓丹白露的法國歐洲工商管理學院（INSEAD）成立了「希思黎—馬克・多納諾」（Sisley-Marc d'Ornano Scholarship）獎學金。此時，波蘭再次成為一個民主國家。該項獎學金頒發給一位年輕的波蘭畢業生，讓其能為波蘭的國家經濟發展做出貢獻。

菲利普原本在研讀了法律與經濟學後，正準備前往美國的亞特蘭大就任紐約時報集團（New York Times Group）記者的工作。但馬克的意外離世，讓他主動提議要留在我們身邊，並加入「希思黎」的經營團隊。依照家族傳統，菲利普的第一份工作由在法國擔任一名銷售代表開始——他負責區域涵蓋巴黎、北法、西南法、及蔚藍海岸，每星期

都在「狂吞」里程。一九八八年年底，菲利普升任法國的銷售業務經理。而我，則專注於正在起飛的國際業務。一九九一年，他開始負責歐洲市場，與我們並肩工作。之後，在一九九九年成為執行總裁，二〇〇六年擔任代理執行長，二〇一三年成為「希思黎」董事會的主席。我成為監察董事會的主席，而伊莎貝爾擔任副主席。

菲利普和他的妻子米娜（Mina）。

除了像我一樣熱愛大自然，菲利普更是一個狂熱的運動員、衝浪好手及英式橄欖球迷。他也是一個超級愛書人，閒暇時間還會寫詩。他和我一樣，非常依戀他的家人。一九九三年，他與米娜·帕尼契維奇（Mina Panicevic）結婚，並育有三名子女：米萊娜（Milena）、莎雅（Shaya）及艾莉亞（Eliya）。

菲利普擁有絕佳的營運與洞察能力，以及遺傳自我對細節的敏銳度，他幫助我們成功完成「希思黎」的進化。我們合作無間，具有高度的專業精神，這在大部分經理人並非家族成員的家族企業裡，是極其重要的價值。

整個九〇年代，伊麗莎白擔任起品牌廣告的全球代言人，為我們的品牌形象大大的加分。她告訴我，她的第一個嗅覺記憶中有一部分就是我喜歡噴在手帕上的「綠野仙蹤」！一九八九年，伊麗莎白與耶米利奧·博汀—桑斯·德·叟托拉（Emilio Botín-Sanz de Sautuola）結婚。他們定居馬德里，並育有四名子女：達莉雅（Daria）、埃米利奧（Emilio）、奧伯托（Huberto）及路易斯（Luis）。伊麗莎白是我們執行董事會的成員。在馬德里，她主導伊麗莎白·多納諾協會（Elisabeth d'Ornano Association），該協會是專為過動兒所創設的，其宗旨是教育，並提供各種相關資訊給家長、老師及兒科醫生，以最佳的方式來養育這些行為有時很難處理的孩子。專注於忙錄個人事業的

耶米利奧，也同意成為「希思黎」基金會的董事會成員。

至於克莉絲汀，她是在美國工作一段時間後才加入「希思黎」。她就讀美國普林斯頓大學，主修比較文學，之後在紐約的薩克斯第五大道百貨公司開始擔任採購，展開職業生涯，這是一段非常寶貴的經歷。我們在一九九七年說服她加入「希思黎」，就像她的姊妹們一樣，克莉絲汀曾在西班牙落腳，說得一口流利的西班牙語。我希望她在墨西哥創立分公司時，我告訴她：「妳會說西班牙語，是這個職位的完美人選。」當時，她才剛滿二十四歲。

墨西哥的化妝品文化與美國市場極類似，克莉絲汀出色地達成發展

品牌的任務。在當時「希思黎」的執行長阿嵐‧迪諾里（Alain Denoly）的協助下，她成功創建分公司，並與頂級連鎖百貨公司帕拉西奧德耶羅（Palacio de Hierro）建立堅定的業務合作關係，同時打造了一個高品質、高效能的工作團隊。近二十年，她很高興看到團隊中多數的人都還在崗位上努力不懈。緊接著，她繼續在巴西、阿根廷、哥倫比亞、委內瑞拉、烏拉圭及巴拉圭拓展品牌。因為有她，「希思黎」在南美洲快速強勢地成長，並與經銷商建立起牢固的互信關係。現在，我們在祕魯與智利都設有據點，同時也在巴西創立分公司。

就如同經常發生的情況，阿根廷曾一度飽受經濟危機的衝擊。我們在當地的經理卡斯楚喬凡尼（Castrogiovanni）女士，淚流滿面地來見我，希望結束營運。我告訴她：「當我的經銷商吧，把庫存留下來幫助您重新開始。現在生意不好，但會好轉的。」

在公司裡持續晉升，菲利普在二〇一三年成為「希思黎」執行董事會的主席。

克莉絲汀是今日的資深副總裁及任職公司的執行董事會董事。

卡斯楚喬凡尼女士這次喜極而泣！多年來，她與丈夫胼手胝足、攜手奮鬥，讓「希思黎」成了她的國家中，頂級化妝品的領導品牌之一。

在我的要求下，克莉絲汀重返歐洲，並在一九九九年接手「希思黎」位於倫敦的分公司，負責英國與愛爾蘭地區的業務發展。這項重要的任務，比它表面上看起來的更為困難，雖然「希思黎」在一些知名的頂級百貨公司，如哈洛德（Harrods）、夏菲尼高（Harvey Nichols）有強勢穩固的地位。對一個像我們這樣的頂級品牌來說，英國是百貨通路的市場，希望「希思黎」的產品都能在最好的百貨公司銷售。克莉絲汀以絕佳的專業技巧和無比的耐心在英國及蘇格蘭打造「希思黎」品牌。她聘請資歷豐富的人，藉由在商店，如塞爾福里奇（Selfridges）及其他主要的百貨公司裡設立的專櫃，精心開發零售據點。在英國，「希思黎」擁有極出色的形象，喜歡我們產品的客戶都非常欣賞它的品質及以植物為基底的成分配方，這大大滿足了消費者對頂級化妝品的所有期待。

克莉絲汀現擔任資深副總裁及公司執行董事會的董事，有著非常優異的生意頭腦。她極富創意，對所有攸關「希思黎」視覺方面的呈現，都具有獨道的眼光。品牌所有創意及新產品的規畫，都由她與伊莎貝爾、菲利普及內部團隊一起運作。二〇〇三年，克莉絲汀與馬赫

伊麗莎白－桑斯‧德‧叟托拉的婚禮。

祖‧阿爾‧貝德（Marzouk Al Bader）結婚，但現已離異。她有三個孩子：阿爾瑪（Alma）、伊莎貝拉（Isabelle）及依內思（Inès）。

莉堤夏是唯一一個對「希思黎」不感興趣的孩子。做為一名才華橫溢且充滿獨創性的記者，她為《費加洛》——一本將她派往世界各地的雜誌——擔任長達八年的記者。之後她離開職場，前往愛丁堡攻讀人類生態學碩士。她那篇關於「黑色聖母」的畢業論文經常受到各界引用[1]。莉堤夏在生態及永續發展上，認真追求自己的事業。不幸的是，在纏綿病榻數年後，她已於二○一三年十一月二十九日離開人世。對我們來說，無疑又是另一場極大的悲慟。

做為一個家族企業，也意謂著要確保我們維繫與保存「希思黎」的企業文化。我的管理理念，菲利普也相當認同，就是基於可用性、信任、忠誠與期望。我最大的成就感來源之一是：在「希思黎」整體成長與在法國及國外四千名員工穩定的招募中，它一直能保持著其獨特的核心價值觀，這也正是公司內部力量的基礎。

我們希望保持獨立。現在，菲利普，與另一位活躍且全心投入的女強人：伊麗莎白‧都寇特（Elisabeth Ducottet）運作集結許多像我們這類企業的中型與家族企業成立協會（ASMEP-ETI，the Association of Medium-Size and Family Companies），共同擔任聯合總裁。它是由前任法國企業主主席（President du Patronat Français）伊馮‧格塔茲（Yvon Gattaz）所推動成立。我對他的許多想法與作為相當欽佩，並幸運地擁有他的友誼。他努力不懈，幫助法國中等規模企業的拓展不受阻礙。他對我們的國家有很多貢獻，而菲利普，則與其他人一直在他身邊積極地協助參與協會運作。

----

1 〈在協調精神、物質與癒合人類與自然之間的分裂上，黑色聖母（Black Madonna）的原型有發揮作用嗎？〉。二○○三年，人類生態學碩士，由「基督徒改變世界」（CPCM, Christians to Change The World）《傳統宗教與耶穌—基督信仰》（*Les religions traditionnelles et la foi en Jésus-Christ / Traditional religions and Jesus-Christ's faith*）公告版於二○○四年十一月二十七日引用。

在法國……

「希思黎」的所有產品都在法國配方、研發並生產。企業的快速成長並未改變從一開始就屬於我們以植物為基底的美容方法。進步的流程與技術幫助我們企業的成長，而這個成長反過來提供研發單位更多的資源，在我們原本就是先驅者的植物美容學領域中持續研究。

二〇〇三年，我們在羅亞爾河畔的布盧瓦購入了一座工廠，並將其加以改建、現代化及擴大，現在所有的保養產品全在這裡生產。六年來，我與菲利普、菲利浦・瓦倫坦（Philippe Valentin）一起，親自參與了此項作業。我們三倍化廠房的面積，從七千擴大至兩萬三千平方公尺，並四倍化其生產力，用以配合我們持續成長的銷售步伐。其中一項當代最現代化的製具，是以符合品質控管與環境要求的最高標準設計而成，它使我們在法國及世界各地所銷售的化妝品都能夠足量生產。伊莎貝爾則以她在品味與細節上無可挑剔的判斷力，監督了所有裝潢，並與我一起選擇種植在該建築周圍的一千六百棵樹。每次我們造訪廠房，看到它們持續成長茁壯都很開心。

當我們買下這座在布盧瓦的工廠時，它原本正處於極大的財務困境。忠於我們的傳統，收購一個月後，我們安排了一場耶誕午餐。一名女士走近我，親切地說：「當我們知道『希思黎』正在收購我們的公司，大夥兒都認為『我們中大獎了』。」而她是正確的。過去十年間，我們的員工人數已是當時的五倍。

而我們位於熱訥維耶的配送中心，容納了我們的全球物流、研發中心及行政服務的一部分，對照於我們的成長速度和規模，實在太小了。這是成功的代價，而也已經成為一個真正的難題。要在巴黎地區找到具有良好交通動線連結，滿足我們需求的配送站點並不容易。我們有超過兩百五十名員工在那裡工作，而部分員工更是工作多年，我們不

「Sisleÿa 抗皺活膚駐顏霜」,「希思黎」的暢銷產品之一。

想失去他們。

然而，二〇〇九年，我們成功了。我們買了土地，在取得政府的許可
證明後展開建設，二〇一一年一月，位於巴黎西北部聖烏昂洛莫納
（Saint-Ouen-L'Aumône）的新營運中心正式啟用。那裡曾經是一片
田野，兩年間，搖身變成一個超現代的營運中心。由菲利普與其團隊
菲利浦·瓦倫坦、菲利浦·拉卡薩涅（Philippe Lacassagne）及安德
烈·赫希（André Reich）共同監督。它使我們能夠將之前在熱訥維
耶分散於幾棟建築的各個部門加以整合，物流區域也擴增為四倍大，
並且大幅地擴建實驗室。伊莎貝爾則再一次協助我們，進行所有的室
內裝潢及周邊環境美化。

自從新營運中心竣工後，我們持續招募人員。十年來，我們在公司已
經投入了近一億五千萬歐元的資金。布盧瓦與聖烏昂洛莫納的廠房已
臻至成熟圓滿，工作人員的數量幾乎增加了一倍之多。這些我們經營
團隊成功進行的計畫，正是「希思黎」強勢企圖心的證明，並將使我
們繼續往更好的未來發展。

我始終不變的堅持信念是：一個品牌的成功是基於卓越的產品，並且
必須更有耐心地加以打造。

在「希思黎」，化妝品是一種持久努力的結果。讓一瓶面霜有效的，
不會只是在亞馬遜河流域的某處發現了一種偉大的異國植物的萃取，
然後在廣告中加以強調！一個好產品的祕密，在於理解肌膚及其對化
妝品的需求，然後提出一套完整的科學解決方案。我們很喜歡這個用
在很多產品中的詞彙：「全面」（global）——它將這個理念下了最完
美的定義，並研發出完整的產品。這個詞，我們最先使用，現在則被
人廣為複製。

我們花了十年時間來打造我們的明星產品——「Sisleÿa 抗皺活膚駐

這座鄰近布盧瓦的佛朗哥（Francos）廠房，讓我們對「希思黎」的持續發展能夠做出回應。

在聖烏昂洛莫納物流與研究中心的庭院之一，有一座由尼可拉·阿爾坎（Nicolas Alquin）創作的雕塑「我就是你」（I am you）。

公司在兩個活動展位。與「希思黎」一起工作，是一種心境。

顏霜」，含有五十種不同活性成分、是一款無與倫比的面霜。要開發出能生產我們所希望的最終產品的精確含量及多種成分的組合，深入且細膩的研究是必要的。而質地更是重要，因為它在提供化妝品的使用感受上扮演著關鍵性角色。這是「希思黎」最受全球消費者讚賞的一點，也是伊麗莎白及克莉絲汀測試每項產品時始終堅持的一個信念。

對於「希思黎」來說，產品本身就是核心，所以我們提供試用樣品，並且仰賴能夠說明、展示及推薦我們每項產品的專家與受過訓練的美容師。他們的回饋報告都經過仔細研讀評估，「希思黎」持續銷售狂熱商品打響聲譽。對於每個客戶來說，要使他們相信「希思黎」，並再次回頭消費，專業意見是非常重要的，我們深知應該感謝在該領域全力付出的工作團隊。銷售是一項真本事，更是一項極富價值的工作，並不容易，也不一定總能順利成交；在法國，可惜它並不受到應有的重視，且給予應有的尊重。

二〇〇〇年，我們推出了「Sisleÿa 抗皺活膚系列」。二〇〇二年上市的「清盈柔膚粉底液」（Phyto-Teint Eclat），是一種光滑、極致液態配方，是法國最暢銷的頂級化妝粉底之一。二〇〇五年，我們推出「全能防禦精華」（All Day All Year），一款含有濾光複合物的抗老產品。以獨特的微球囊包覆技術，能保護肌膚，抵抗包含紫外線在內的所有外界侵擾。同年，再推出「聚水賦活精華」（Hydra Global），一款高效保濕水乳霜。二〇〇九年，我們推出了另一項重要產品「極致夜間奇蹟再生精華」（Supremÿa），可以有效逆轉肌膚遺傳程序的老化過程、修護白天肌膚遭受的損傷，並為隔天做好準備的夜間抗老配方。

二〇〇六年，推出「暮之露」香水的十六年後，我們推出了第三款香水「月之戀」，這是與伊莎貝爾多年推動的成果。一款甜美、浪漫、有著賽普勒斯風情及宣告夜晚愛情柑苔調香水。「月之戀」是一款精緻、獨特、層次豐富且十分女性化的香水，內含玫瑰、茉莉及含羞

我們在倫敦的公寓，是
「月之戀」香水的靈感
來源。

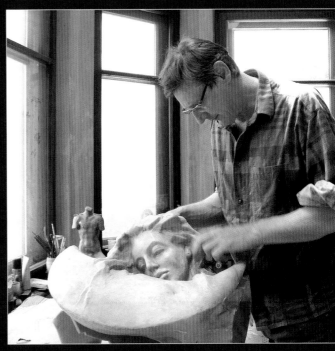

草的組合。首支「月之戀」廣告的靈感，來自伊莎貝爾在我們自一九八〇年代初即擁有的倫敦騎士橋（Knightsbridge）房子裡所打造的不拘風格與原創氛圍。正如「暮之露」香水，布羅尼斯瓦夫‧克里斯多夫為她設計了一個雕刻的瓶蓋，一個具有女性面孔的月亮。三年後，再度推出三款「希思黎」香水（Eaux de Sisley）——「歡愉」、「清新」、「驚豔」——三個姊妹、三種情緒、一名女子的三種面向。

「王者之躍」香水，我們第一款男性的香水。

我們的客戶不僅有女性，男性也會使用我們的產品，不只是化妝品，還有香水。雖然他們的皮膚比起女性更有抵抗力，但每日必須承受刮鬍刀的破壞性影響、壓力及環境污染。一般來說，男性都想要一個全功能的解決方案——一種每天使用、可以滿足所有需求的面霜。為了回應這種需求，我們在二〇一一年推出了「Sisleÿum 男士極致全能精華」（Sisleÿum）。同年，推出第一款的男性香水「王者之躍」（Eau d'Ikar）。它重新詮釋了伊卡洛斯（Icarus）神話，關於現代男子美麗與脆弱的神話，一種兼具野心、冒險、勇氣與感官的作品。這瓶香水的成分十分獨特。其主要香精為乳香（lentiscus），是萃取自在科西嘉山脈發現的芳香灌木，提醒著我們家族的根源。雖然很喜歡「王者之躍」香水，但我還是忠於「我的」「綠野仙蹤」！

⋯⋯在國際上

自一九九〇年代以來，隨著柏林圍牆及其所代表主義的倒塌，阻絕歐洲大陸的政治障礙已然傾倒。曾經被孤立的國家現在迅速發展。而這些新興國家，也產生許多新的消費者！

「希思黎」充分利用這個機會，先經由經銷商拓展據點，接著成立分公司，於新興國家銷售我們的產品。

西班牙的首位經銷商，在一趟巴黎之旅中便愛上了這個品牌。當時，蒙特涅羅先生（el Sr. Montenegro）前來拜訪時，我們還在香榭大道上那間狹小的辦公室。他前不久才在拉法葉百貨公司看到了「希思黎」。「我是西班牙人，交遊廣闊，我有一個妹妹在馬德里的太陽門廣場有間香水店，我非常想在西班牙銷售你的產品！」

身為所有重要調香師的朋友，他隨即將「希思黎」介紹給在西班牙最好的五十間香水店，從此我們的品牌就在這個我妻子十分依戀的國家佔有一席之地。

日本的故事也很類似，一個重要國際化妝品公司的分公司總裁楊（Yang，音譯）先生，在一趟前往巴黎的旅途中，於法國一家百貨公司裡發現了我們。「你們的化妝品系列很特殊。我很想在我熟悉的日本經銷它們。我會辭去現在所擔任的化妝品公司總裁職務，來全力經銷『希思黎』。」

他信守承諾，並全力投入推廣「希思黎」。但是在一個像日本這樣的國家上市，意謂著我們必須親力親為。伊莎貝爾隨後前往日本好幾次，由當時在公關界相當知名的谷口久美（著名建築師谷口吉生的美麗妻子），帶著她四處參觀拜訪；谷口夫人一直是我們非常喜愛的友人。然後，我們回到東京參加由楊先生舉辦的開幕酒會。對植物美容學非常感興趣的日本人，十分讚賞「希思黎」的產品。同時，因為他們也喜歡歷史，所以我們從法國將菲利普—安托萬·多納諾的元帥指揮棒、他與瑪麗·維勒夫斯卡真人比例大小的肖像，都寄到日本，參與開幕。那是一次空前的成功！

我們在亞洲迅速成長。一九九六至一九九七年間，儘管發生了不同程

度的亞洲金融危機，衝擊到一些年輕經濟體。幸運的是，這只是暫時的。我們在南韓這個充滿活力的國家，從一開始就表現得極為傑出，因為我們在它剛對外經濟開放時就推出了我們的產品線。非常高興能與一個專業、高品質且將其一個部門提供給我們品牌專用的本地經銷商，維持良好的關係，從一開始，我們就在市場上占據了一個非常有利的位置。

因為亞洲金融危機的情況與影響，我們於一九九八年在韓國建立了自己的分公司。當時負責經銷我們品牌的洪（Hong，音譯）先生，有天打電話給我，說：「我的母公司有了問題。我必須停止『希思黎』在韓國的經銷、裁撤相關人員，包括我自己；並且退回庫存。我應該寄送到哪裡呢？」

我想了幾秒鐘後說：「你們在韓國有多少人為『希思黎』工作？」

「八十人。」

「好吧，我會買回庫存，但是我會重新僱用所有的員工，而您將是我們未來韓國分公司的總經理。」

最近，在巴黎一場與所有分公司的五十名總經理的晚宴上，在回答「你的職業生涯中，什麼是你至今最難忘的時刻？」如此一個一般性問題時，洪先生起身，走出團體，「在一九九〇年末期，當修伯特・多納諾先生在電話中告訴我，他將重新僱用每一個人，並在我的國家成立一間分公司，而我會是那間分公司的總經理！」

他傑出極力地全心發展我們的分公司，韓國成為我們今天最大的市場之一。

希思黎 – 多納諾基金會（The Sisley-d'Ornano Foundation）

二〇〇七年，我們創立了「希思黎－多納諾基金會」。它在法蘭西基金會（Fondation de France）的主導下，用百分之九十七的捐贈直接去幫助我們的對象。在藝術領域中，該基金會已參與了「聖母升天教堂」Notre-Dame de l'Assomption Church）的圓頂與壁畫的修復計畫。「聖母升天教堂」位於首都心臟地帶的聖奧諾雷街，自一八四四年起就成為了繪製巴黎的波蘭人教堂。壁畫是十八世紀時由法國畫家查理・德・拉・福斯（Charles de La Fosse）所繪製，他同時也是榮軍院與凡爾賽宮皇家禮拜堂（Royal Chapel）穹頂壁畫的畫家。同樣的，該基金會也讓各教堂內的美麗畫作都能得到修復。

該基金會還資助建造新的加百列鐘（Gabriel bell），做為巴黎聖母院大教堂（Notre-Dame-de-Paris Cathedral）八大鐘修復的一部分。這座鐘由諾曼第傳統的柯尼－哈佛鑄造廠（Cornille-Havard foundry）鑄造與鑴刻。結果是，現今聖母院擁有了原本全部的鐘，它們在兩百二十年後再次響起，就像法國大革命前那樣。二〇一三年三月二十三日，星期六，這套新的鐘第一次響起，以紀念教堂的第八百五十週年。

在社會慈善事業領域，希思黎－多納諾基金會重建並提升了「復康羊圈」慈善收容所，此機構由吉爾伯神父協會經營，專為幫助年輕犯罪者而成立。在希思黎－多納諾基金會的協助下，「復康羊圈」得以重新開放，並收容那些遭逢重大變故的年輕人。該基金會也贊助了「自然探險協會」為熱訥維耶的弱勢兒童所舉辦的旅遊計畫；以及「Kids Company」，此慈善機構致力於幫助倫敦的弱勢兒童；還有「松巴基金會」為營養不良奮戰的計畫，提供校餐給位在印尼松巴島嶼的當地學校。

在醫學領域，該基金會頒發了「希思黎－杰羅姆・勒瓊國際獎」（Sisley-Jérôme-Lejeune International Prize）給唐氏症（Down's syndrome）的相關遺傳學研究。還與安寧治療基金會（Palliative Care Foundation）合作參與一個關於末期病童安寧照護的研究。它也資助一個為罹癌女性設計的美容計畫，並且資助伊麗莎白・多納諾在西班牙所成立的提供家長和老師有關於過動兒資訊及教育的協會。該基金會還認養了榮譽軍團基金會（The Foundation of the Legion of Honour）裡的五名年輕學生，他們都是從非常貧困背景出來的優秀學生，而他們將獲得幫助直到大學畢業，並找到他們的第一份工作為止。成果斐然！

如果要提及每一個我們所在的國家，不僅冗長，而且也無此必要，但所有種種我們全都珍藏在心。我們幾乎拜訪過所有的分公司；聘用我們的專業團隊專業或者與經銷商合作；參訪城市；會見客戶、媒體及消費者。關於要如何更全面、更完善地發展「希思黎」這個品牌，我們提供了非常多的想法。我很喜歡在義大利工作，那裡是全世界最美麗的國家之一。

我們很驕傲能夠在波蘭——伊莎貝爾的家鄉——成立分公司。一九八〇年代時，誰又想得到呢？每個月，我們都會在巴黎的家歡迎來自世界各地銷售「希思黎」的優秀業務團隊。我們很喜歡和他們見面，而這也是他們來訪巴黎的重要行程！

現今，菲利普、克莉絲汀及我們的出口業務團隊，在阿拉伯聯合酋長國、南非、烏克蘭、巴西和菲律賓（僅舉幾例）等，持續進行著這項旅程。

做為一個全球性的品牌，「希思黎」在化妝品界持續活躍發展。我們的產品針對富裕的中產階級職業女性，而她們的人數隨著時代的進步愈來愈多：現代女性擁有獨立的消費能力，尋找專業、品質、有效及天然的產品，以及我曾提到過的一絲特別的迷人魅力與誘惑。

在這國際化的發展中，亞洲各國既勤奮又充滿企圖心，而在這些國家的成功，使得亞洲這塊市場占有愈來愈重要的地位。亞洲的女性熱衷於化妝美容產品，極度重視品質。我很快就意識到這區域對我們的事業有多麼重要。除了在化妝品產業已經非常成熟的日本外，我們是第一批登陸這些市場的品牌之一。

除了韓國，我們迅速地在台灣成立分公，發展業務。而泰國和香港的分公司也都經營得有聲有色。還有澳門、新加坡、馬來西亞及印

「希思黎」目前行銷在包括亞洲，共超過九十個國家，是一個國際化的公司和世界性的品牌。

尼。每一個地方，我們都在最好、最負盛名的百貨公司設置專櫃銷售。

當然，中國這個已成為世界第二大經濟體的國家，其巨大的消費力與發展性，本身就是一個大陸。我們自世紀交替時開始，便一直在中國耕耘，最初是透過經銷商。後來，在菲利普與「希思黎」的亞太區總裁尼可拉斯‧薛涅（Nicolas Chesnier）多趟的差旅之後，我們決定成立自己的分公司，以投資品牌，並規畫管理整體發展。

中國的消費者非常熱情。一位熱愛我們品牌的女性律師，在北京「Sisleÿa 抗皺活膚系列」的上市說明會上表示，她為我們的品牌建立了一個一百五十頁的網站（當時尚未稱作部落格），之後有數以千計的消費者緊緊跟隨關注！當然，在中國，網站很早期就扮演起極為重要的角色。

然而，我們在中國的團隊還必須應付特殊的挑戰：國家的廣闊幅員及品牌的急速成長。一開始我們只在北京和上海設立據點，現在我們已進駐四十二個城市及一百二十家百貨公司。所有店家都具有現代化及優雅的裝潢設計，而且頂級化妝品都設有美麗的專櫃。新的據點隨時在設置中。我們的團隊一直深具效率且組織良好。菲利普定期拜訪中國，今日已成為我們最大的出口市場，而且僱用的員工人數較任何地區的分公司都來得多上許多。

我們經常被詢問：「希思黎」的產品在全球各地是否都一樣？

答案是肯定的。我們針對肌膚的類型而非肌膚的顏色來開發化妝品，而不同的產品則可以滿足不同的需求，包括卸妝、保濕、抗老、防曬及身體護理等等，不同的只是各地使用化妝品的習慣及消費模式。簡而言之，美的世界既單一、同時又具有多元的特質。

與伊莎貝爾和中國的一些媒體記者。

菲利普·多納諾和「希思黎」亞太區總裁尼可拉斯·薛涅在泰國——
一個隨著中產階級的出現，非常具有發展前景的國家。

我們公司的前景光明。「希思黎」已然成為一個知名的國際品牌，根
植於它過去的各項卓越成就；我們的業務經驗及做為我們家族和企業
力量的核心價值；從不曾盲從於其他企業潮流，始終專注於原創性、
創意及更卓越的品質追求。

對於在各地的消費者而言，「希思黎」的品牌意謂著品質、精緻、創
新與法式（現在是全球式）靈感感受的獨特概念。

乘風而起，共享無盡之美——這是伊莎貝爾和我為「**希思黎**」的祈
願。

「希思黎」的全球據點

安道爾	丹麥	馬來西亞	斯洛伐克
阿根廷	杜拜	馬爾他	斯洛文尼亞
亞美尼亞	厄瓜多	模里西斯	沙烏地阿拉伯
阿魯巴	芬蘭	墨西哥	南非
澳洲	法國	摩爾多瓦	西班牙
奧地利	喬治亞	摩洛哥	瑞典
亞塞拜然	德國	荷蘭	瑞士
巴林	希臘	紐西蘭	敘利亞
白俄羅斯	匈牙利	挪威	台灣
比利時	印度	阿曼	泰國
百慕達	印尼	巴拿馬	突尼西亞
玻利維亞	愛爾蘭	巴拉圭	土耳其
巴西	以色列	祕魯	烏克蘭
保加利亞	義大利	菲律賓	英國
加拿大	日本	波蘭	美國
智利	哈薩克	葡萄牙	烏拉圭
中國	韓國	波多黎各	烏茲別克
哥倫比亞	科威特	卡達	委內瑞拉
克羅埃西亞	拉脫維亞	俄羅斯	越南
庫拉索	黎巴嫩	聖托馬斯	
賽普勒斯	盧森堡	塞爾維亞	
捷克	馬其頓	新加坡	

「希思黎」執行長，
菲利普・多納諾，
在台灣的一場
說明會。

我的孫子們……

埃米利奧、莎雅、米萊娜、達莉雅、奧伯托及依內思；阿爾瑪、伊莎貝拉、
艾莉亞和路易斯，二〇一三年夏天。

附錄

菲利普‧多納諾：〈給我的祖母〉

我們對祖母都有各自不同的暱稱，而我們深情地叫她「提婷」（Titine）。她身材高挑、優雅，鎮得住我們。我們知道她在戰前的波蘭生活及她所崇拜的三個兄弟，其中的「約瑟夫爸爸」（Papa Joseph），他在難捱的時光與流亡時展現出了勇氣及鋼鐵般的意志。她相當深情但異想天開，十分平易近人，並與孫子們感情融洽。還有什麼比一個既美麗、又神祕且充滿冒險精神的奶奶，更能夠讓一個小男孩心生響往的呢？當我們只有六、七歲時，她用一輛她稱作「藍鳥」的小小藍色「雷諾」汽車，帶我們展開長達一千公里的西班牙旅程。我們不是在高速公路上越過庇里牛斯山，而是穿越龍索沃山口，「因為這裡比較漂亮呀！」穿越隘口時，她用她可愛的聲音（她微微的異國腔調給詠詩帶來一種奇妙戲劇性的效果）重複著〈羅蘭之歌〉（*The Song of Roland*）。「來吧！騎士們，讓我們越過高山，西班牙詭詐的土地在我們的腳下顫抖。」不用說，我們深深地為之著迷。當我們順著蜿蜒的道路，她對我們說，在惡劣天氣裡，霧有時會從懸崖上來，直撲到馬路邊上，因此你必須抵抗在白雲間開車的誘惑⋯⋯然後，我們停在布爾戈斯（Burgos）參觀大教堂。我們正是在那裡發現探索西班牙。

一個讓我們喝啤酒的祖母，這讓弟弟和我非常地驕傲。她說靈異故事給我們聽，會移動的碗櫃、消失又出現的人、死人拜訪活人的故事。身為孩子，我們夢想可以看到鬼。她是一個勇敢的祖母，是名戰士，始終保持積極與熱情，她討厭不公不義及沒有面對恐懼的能力。

她曾在大街上幫助一個置身危險的人，並且趕走那名武裝襲擊者。她責罵我的姑姑和我姊姊沒有捍衛好自己，因為她們的車在槍口下被人搶走。

一個稱她的狗為「伊阿古」（Iago，就像在「莎士比亞」裡出現的），並且餵牠吃壓碎的水果，因為這樣子⋯⋯比較健康。我們在那裡的兩星期中喝好喝的調製飲料，可是有天狗不見了。

在拉雷諾迪埃時，我的祖母是個驕傲、甚至膽大妄為的騎士。最重要的是，她喜歡鄉間和動物。她經常會進行長距離散步。有天，她剛騎完馬回來，心情非常愉悅：只因在喧囂的季節裡，有頭美麗的雄鹿阻斷了她去路，並拒絕讓她通過。

一個我們大夥兒都崇拜的祖母，她有一種貴族才具有的簡約氣質。每當我們和她一起去馬德里，所有的店主都認識她，並且熱情地與她打招呼。她關心所有的人，真情流露。

「提婷」她人生的最後一程相當緩慢，也許是為了避免過於打擊那些她愛的人，所以給予他們時間慢慢去習慣她的缺席。小時候，她給了我們許多教導。對我們來說，她永遠是那個無可非議的無畏騎士，以及我們孩提時的深情奶奶。

馬克‧多納諾：
一九八三年塞維亞（Seville）的聖週

我五點時抵達塞維亞，七點前已在外面觀看遊行。起初它讓我感覺無趣，但，我並沒有表現出來。我不記得看到的第一個遊行隊伍的名字，因為我意興闌珊。然後，我只等著看「坎德拉里亞」（Candelaria）的遊行隊伍。

我花了一個小時等著看基督（Christ），接著再花一個小時等著看聖母（Virgin）。即使兩年前我就已經參加過這個盛會，但過程依舊漫長而枯燥。其他基督和聖母形象的遊行持續了好幾個小時。然後我看到了「坎德拉里亞」從大教堂出發。天色已晚，儘管人群眾多，我卻擁有可以看清一切的良好視野。在燭光中隨著音樂舞動，陰影裡的聖母很美，因此當她消失在樹叢後，我覺得有必要迂迴地穿過人群，來到她的面前，站在第一排，並且跟上她的腳步。我欣賞她已有很長一段時間；離開時，我總是很難過，並且想要更進一步地跟隨她。但是我得去見安娜和她的朋友們。

第二天，我們去看「艾爾巴拉迪約」（EL Baratillo）的聖母遊行隊伍，約莫是從五點開始。我見到了一些去年夏天認識的朋友，我們一起拍了些照片。我們到得太晚，以致沒看到基督，但聖母確實是一流的。時間尚早，因此她沒有晚上的那種神祕又微帶哀傷的表情。她非常美麗，因此沒什麼特別之處。雖然所有的聖母都很美麗，但有些卻因為人們無法解釋的緣由，遠遠超過其他的。我不覺得這個聖母和「坎德拉里亞」或「吉普賽人的聖母」（Virgen de Los Gitanos / The Virgin of the Gypsies）的遊行隊伍一樣具有吸引力。然後，我們也看了其他的遊行隊伍，但沒有一個能產生像「聖貝爾納多」（San Bernardo）那樣不凡的魅力。

我們在後者將要跨越的橋上等待。這無疑是有史以來最好的視野了。基督，祂總是走在第一個，被釘在十字架上，沐浴在藍色、綠色、紅色與白色的投射燈光裡，不同顏色產生不同的呈現。綠色讓他宛若死一般的蒼白，從而表達出強烈的悲傷。紅色，與康乃馨相同的顏色圍繞著祂，給了他復活的樣貌。持聖像者讓基督隨著音樂舞動了好幾百公尺。基督身上的投射燈，將他被釘在十字架上的身影投射在後面的牆上，創造出一種既真實又神祕的感覺。相較於其他的，這是我所能詳細記得的最後一個「聖週三」（Holy Wednesday）遊行隊伍。

第二天，「聖週四」（Holy Thursday），是最長的一天。五點三十分，參加了聖週四彌撒之後，我們通宵留在外面看遊行。最先亮相的是「昆塔‧奧古斯提亞」（Quinta Angustia），而我的兩個朋友，何塞（José）和愛德華多（Eduardo）都參加了。基督與聖母在一起，就像他們大部分的情況一樣，不會分開。正如耶穌基督於受難日去世，沒有音樂伴隨遊行。它展示了兩名男子站在梯子上將基督的屍體從十字架上取下，然後放在聖母、聖徒約翰和抹大拉的瑪莉亞悲傷

憐憫的目光下。這尊美麗一如既往的基督，卻沒有像其他的基督聖像般感動我，毫無疑問地，是因為我在白天時已經看過他，因為周遭只有蠟燭光，而少了夜晚的悲愴及神祕的氣息。「昆塔‧奧古斯提亞」之後，在耶穌受難日（Good Friday）的凌晨一點半，我們去看了「寂靜的基督」（Cristo del Silencio）。大夥兒等了一個多小時，但時間並不難捱，因為當時聊天聊得非常愉快。正如其名稱所表明的，基督最後出現在全然的寂靜中，沒有任何音樂與聲響，只有大批等待祂的人潮所展現的敬意。除了遠方的，現場沒有一絲聲音。

我感動莫名。祂的臉看似並沒有因身體受到傷害呈現苦痛，而是一種精神上的折磨。因為在臨死前的一刻，當祂抬起眼睛看著天空說：「天父請赦免他們，因為他們不知道他們在做什麼。」我以前從來沒有過這種因「垂死基督」（Cristo del Cachorro / Christ of Expiration）而有的感覺。「寂靜的基督」是唯一一個倒背十字架的聖像，而「拿撒勒人」（Nazarenos）也以同樣的方式背上了十字架。我們只看到它離開教堂，但這強大的寂靜讓我思考，基督到底承受了多少痛苦。

在各種遊行之後，我們又看了「吉普賽人的聖母」。這是最難忘的部分。她很美，沿著通過的狹窄街道不斷地跳舞，並且轉身向安吉拉德拉克魯茲修道院（Convent of Angela de la Cruz）致敬。我們跟隨著她好長一段時間。我們就在她面前，記得當自己看著她時，內心有多麼激越與感動。她像是活的，有種令人難以置信的魅力，比起過往都還要美麗。採用的音樂與「坎德拉里亞」一樣，非常歡樂卻又扣人心弦。加入這個遊行隊伍全是吉普賽人，這給予這位黝黑皮膚的聖母一種與眾不同的個性。

接著，我們看到「萬能基督」（Cristo del Gran Poder），是最感人且最令人印象深刻的聖像之一。因為這裡的紀律嚴明，所以沒有辦法越雷池一步。它移動的速度非常快，沒有音樂或舞蹈，所以經過時，那份靜謐就如同觀看「寂靜的基督」時一樣，讓人印象深刻。被人背著的基督給人一種栩栩如生的錯覺，特別是當我們看著基督遠遠到來，他的衣衫飄動，獨特的形象不同於其他任何聖像。我們等了好幾個小時，只為了看它幾分鐘，甚或幾秒鐘，因為它移動得速度非常快。當它經過，我震驚於一種深沉的感覺，非常特別。人們不會帶著遊客的心情來看「萬能基督」，而是前來禱告。

基督因十字架的重量而彎著腰，看起來真的十分痛苦。祂的手和祂的臉因為疼痛而變形。你可以清楚看到祂的血管，強烈感覺它們隨時都有可能爆裂。

在為了看她而等待了一整個聖週後，約莫清晨七點三十分，「瑪格麗娜聖母」（La Macarena）終於緩緩來到。我與瑪塔（Marta）、安娜‧帕里亞斯（Ana Parias）及瑪麗亞‧何塞（Maria José）在一起，她們認識住在可以俯瞰遊行隊伍的房屋住戶。我們從那裡看到，她跟隨在穿得宛若羅馬士兵的男子背後，慢慢到來，我們離開屋子，跟了她幾分鐘。無疑地，她與其他聖像截然不同。再次站在前排，欣賞到她臉上那種其他的聖母所沒有的表情。她那兩行著名的眼

淚、憔悴的臉上露出她所感到的痛苦，儘管如此，歡樂的音樂卻讓她幾乎每隔十公尺就跳一次舞蹈。龐大的人群都來瞻仰她、跟隨她。蠟燭都已燃燒殆盡，因為她已經出來了幾個小時。雖然我是在白天看到「瑪格麗娜聖母」，依然覺得她不凡，而悲傷只是帶給她更多的魅力。

最後，「特里亞納希望聖母」（Esperanza de Triana）出現了。我說：「終於。」因為一整個星期瑪麗亞‧何塞都在跟我提到她，說她是所有聖像中最美麗的。當她約是在早上八點半抵達時，穿著綠色的衣服，看起來非常出色。我必須承認，當時自己期待的是美麗與表情豐富，如果做不到更優越，那至少也要能與「瑪格麗娜聖母」並駕齊驅。不幸的是，我在這座聖母像身上並未發現任何這樣的魅力，儘管我盯著她看了好長一段時間。她的上色與模樣都很成熟，以致失去了一些「瑪格麗娜聖母」身上迷人的純潔。而她臉上的悲傷也不如其他聖母像上那般明顯。藉由這尊聖母像，我們結束了一個非常動人的夜晚。

在耶穌受難日，我們還看到其他的遊行隊伍，但其中只有兩個是令人印象深刻。第一個是「垂死的基督」（Cachorro），我們看到他離開教堂。我們在裡面，基督臉上可明顯看到沉重的肉體痛苦。他被釘在十字架上，雙膝血肉模糊，肋骨在凹陷的胸部根根凸起，靜脈賁張的手臂伸開，然後隨著這一切，他的目光帶著極大的遺憾轉向天堂。這尊基督聖像也被稱為「期滿的基督」（Cristo de La Expiración/Christ of the Expiration），一個非常適合它的名字，因為你會感覺到他隨時有可能會死去。聖母也很美，但我的印象沒那麼深刻，因為基督的印象實在太強大了。

那個星期五，我觀賞的最後一個遊行隊伍是「O 聖母」（Virgin of the "O"），她為我的聖週畫下完美句點。我在「特里亞納希望聖母」教堂內等她，而這也讓我得以再次仔細端詳「特里亞納希望聖母」。

因距離基督或「O 聖母」都不是十分接近，所以即便場面華麗，我卻很難看到他們細部的表情。基督來到教堂前，開始舞動；「O 聖母」則轉身面對「特里亞納希望聖母」。他邊跳舞、邊向她致上一個長達數分鐘的禮。「O 聖母」則是繼基督之後做了相同的動作，但她沒有和他一樣地轉過身，可能是因為她遲到了。真是一流的表演，非常豐富多彩。

穿越這各式各樣的場景，我試著將自己在聖週期間的感受全賦於筆墨之間。

我相信我可以將它們總結為「是的，塞維亞提供了為愛而死的基督奧祕。他穿街走巷在每個角落前進，由分擔他痛苦的聖母陪伴左右」。

「聖週」時，馬克曾入住塞維亞的帕里亞斯家庭，
他去世後，蒙特‧佛羅里督侯爵（Marquis of Monte Florido）
給我們寄來這段他寫下的文字──當時，他十七歲。

菲利普・多納諾：〈莉堤夏〉

我們是一個五口之家，兩個兄弟和三個姊妹。每個人各有各的個性；對我來說，莉堤夏一直是我們兄弟姊妹中最神祕的。在孩童時期，她內心充滿質疑卻是眼光銳利，也許是來自對於外在環境的某種不安。同時，她也是最重感情、最敏感的。相對於我們其他四個來說，她可能是最受馬克死亡影響最深的人。

莉堤夏對於外在的世界抱持著開放的態度，並勇於嘗試新事物。她曾經在巴黎、馬德里、英國、華沙、愛丁堡，甚至拉達克（Ladakh）生活與學習。她會說英語、西班牙語、法語和波蘭語。為了她的工作及研究，喜歡到處旅行，無論環境優劣，她都無所畏懼。

她喜歡大自然和運動，隨著耳機裡傳來的音樂，活力充沛地步行穿越森林、騎著單車在巴黎各地移動。

她選擇做為一名記者，並且是名成功的記者。她給我的印象一直是，比起寫作，她對於採訪的對象更感興趣。她刊登的那些採訪不過是個藉口。她的志向是捕捉他們內心的自我，除了表面，更要深入內在。若是她沒有完美做到，她可是會非常失望。莉堤夏交遊廣闊，朋友很多，不僅是因為她的身分，也因為她的工作。沒有人會忽視她。她擁有某種與眾不同的特質、個人魅力與深度。

然而，她的疾病一步步將她從親密家人與朋友身邊孤立開來。但她一定不喜歡我到現在還提及此事。她希望在這個場合中，不再有傷心陪伴。這也是為什麼我想要永遠保有這個記憶——莉堤夏跳舞的影像！認識她的人都知道莉堤夏愛跳舞。在我第一個女兒米萊娜出生時，有段時間我們共用一層公寓。莉堤夏是她的教母。我始終記得，莉堤夏懷抱嬰兒在繞著客廳舞動，貼著她粉紅色的小臉頰，不停地旋轉，然後寶寶興奮地尖叫！還有在拉雷諾迪埃的元旦前夕、在塞維亞的婚禮及在華沙或舊金山的舞會，都將珍藏在我的內心深處。

致美好、快樂及始終掛著笑容的莉堤夏！

簡要年表

（以下均為西元年）

一九二六年三月三十一日
紀堯姆和伊麗莎白·多納諾（娘家姓：米哈斯卡）的兒子修伯特·多納諾在梅爾基夫（波蘭）出生。

一九三四年
修伯特·多納諾返回法國。

一九三五年
阿赫芒·珀蒂尚與紀堯姆·多納諾創立「蘭蔻」。

一九四六年
米歇爾和修伯特·多納諾成立「尚·達爾布雷」公司。

一九五三年
紀堯姆、米歇爾和修伯特·多納諾推出「幽蘭」。

一九六三年
修伯特與伊莎貝爾·多納諾（娘家姓：波托茨卡）結婚，一個將創造五個孩子的婚姻：菲利普（一九六四）、馬克（一九六六－一九八六）、伊麗莎白（一九六八）、瑪麗－莉堤夏（一九七〇－二〇一三）及克莉絲汀（一九七三）。

一九六八年
在米歇爾·多納諾踏入政壇後（多維爾市市長、法國國會議員、卡爾瓦多斯省總理事會主席、下諾曼第地區議會〔Regional Council of Basse-Normandie〕、數任部長），「尚·達爾布雷－幽蘭」公司出售。

一九七一年
修伯特·多納諾成為「尚·達爾布雷－幽蘭」及子公司「尚－路易·雪萊」的董事長兼執行長（直到一九七五年）。

一九七六年
修伯特·多納諾接管「希思黎」，一家專門生產植物美容化妝品的公司。

一九七七年
「希思黎」規畫一整套的保養品、彩妝及香水，其中包括「綠野仙蹤」香水。

一九八〇年
推出「全能乳液」。

一九八六年
菲利普·多納諾加入「希思黎」。

一九八九年
推出「修護面霜」、「植物複合精華液」。

一九九〇年
推出「防曬調理日霜」、「暮之露」香水。在德國成立第一間國際分公司。

一九九七年
克莉絲汀・多納諾加入「希思黎」。

一九九九年
「Sisleÿa 抗皺活膚駐顏霜」經過十年的研發後推出。

二〇〇三年
收購並發展位於羅亞爾河畔布盧瓦的「弗朗哥生產中心」（Francos Production Centre）。

二〇〇五年
推出「全能防禦精華」。

二〇〇六年
推出「Sisleÿa 抗皺活膚抗皺精華」、「Sunleÿa 金綻防曬修護系列」及「月之戀」香水。

二〇〇七年
推出「聚水賦活精華」。
在「法蘭西基金會」的主導下，成立「希思黎─多納諾基金會」。

二〇〇九年
推出「極致夜間奇蹟再生精華」、「Sunleÿa 極致抗老曬後修護霜」（Sunleÿa anti-age after-sun）及「希思黎」香水──「歡愉」、「清新」、「驚豔」。

二〇一一年
「希思黎」位於巴黎西北部的「聖烏昂洛莫納研發中心」正式啟用。同年，推出「Sisleÿum 男士極致全能精華」、「王者之躍」香水。

二〇一二年
推出「黑玫瑰頂級乳霜抗老面膜」（Masque Crème à la Rose Noire）。

二〇一三年
菲利普・多納諾擔任「希思黎」的董事長兼執行長，克莉絲汀・多納諾則為資深副總裁。

二〇一四年
推出「熱帶奇幻」（Eau Tropicale）香水。

圖片提供

一九九〇年和克莉絲汀合影，當時我仍有抽雪茄的習慣……

Papa chéri,
    Tu restes tout seul ? On t'ap-
pellera. Merci encore pour les
vacances en Italie je pense
toujours à toi

                    Je t'embrasse
                        Christine

PS: Tu étais beau, beau, beau
hier soir, voilà ce que je vais
marquer dans mon journal ou
la soirée chez les Rotschild

致謝

首先我要感謝伊莎貝爾，沒有她，這一切都不可能發生，而這本書《無盡之美》也就不會存在。

我還要感謝「希思黎」過去與現在的工作團隊，從一開始，他們便無條件地貢獻自己的努力與能力，與我們一同創造這個卓越的品牌：「希思黎」的發展與成功。我無法一一列出每個人，但在我眼裡，你們都是獨一無二、非常重要。

同樣地，我要感謝所有幫忙伊莎貝爾與我校對、分享記憶及觀點來製作這本書的人。

我的孩子：菲利普、伊麗莎白和克莉絲汀；而安‧多納諾與我們分享了她對米歇爾的回憶；伊莎貝爾的手足：皮埃爾‧波托茨基（Pierre Potocki）和多夏‧波托茨卡（Dosia Potocka）；而尚‧夏隆（Jean Chalon）和斯坦尼斯拉斯‧多赫尼基（Stanislas Dwernicki）在閱讀書稿後，提供了許多寶貴的意見。

在「希思黎」的吉賽爾‧畢度、菲利浦‧拉卡薩涅、維若妮卡‧蘭德里（Véronique Landry）、安德烈‧赫希、羅傑‧赫努（Roger Renou）、菲利浦‧瓦倫坦、佛朗賽特‧勒吉永，以及我忠實的助理：妮可‧勒孔特（Nicole Lecomte）、安德烈‧吉赫（Andrée Giroud）與喬安娜‧博尼（Joanna Bonis）；在拉雷諾迪埃的克勞德‧列吉瓦（Claude Liégeois）與菲利普‧庫桐。

還要感謝賽瑞絲‧加德納（Cerith Gardiner）為文字增添了英文潤飾，使其語意更為完整優美。

最後，我要感謝費利克斯‧托瑞斯（Félix Torres），因他的理解與能力，完美地呈現多納諾家族及「希思黎」的精神，協助我們創作並編輯這些文字。